בֶּן אִישׁ חַי

לְמְקַבֵּל רַבֵּנוּ הֶחָכָם

יוֹסֵף חַיִּים מִבַּגְדָּד

הָרִי"ז הַטּוֹב

עִם כָּל הַתִּיקוּנִים, כַּוָּנוֹת, הַבַּקָשׁוֹת,
וּשְׁאָר הַלְּמוּדִים לְיוֹם זוּל

ידוע כי אין בר בלי תבן, כך אין ספר בלי טעויות, ועוד יודע אני כי דל ועני אני, ואין עני אלא בדעה. לכן מבקש אני בכל לשון של בקשה אם יש לכל אחד שאלות, הערות, הארות, תיקונים, נא לשלוח ל -

והשתדל לענות, ולתקן את הצריך תיקון.

אין לעשות שימוש כל שהוא בחומר שבחלק זה לצורך מסחרי, אלא רק ללמוד וללמד. להשיג ספר זה או ספרים אחרים לאינפורמציה simchatchaim@yahoo.com

תֹּכֶן הַסֵּפֶר

וְהָיוּ עֵינֶיךָ רֹאוֹת אֶת מוֹרֶיךָ

תְּמוּנַת הַגָּאוֹן הָאַדִיר הַמְפֻרְסָם בִּסְפָרָיו הַיְּקָרִים בַּנִּסְתָּר וּבְנִגְלֶה רֵישׁ גָּלוּתָא דְּבָבֶל

כמוהר"ר יוֹסֵף חַיִּים זצק"ל

בכמוהר"ר אֵלִיָּהוּ בכמוהר"ר מֹשֶׁה חַיִּים זצוק"ל

נוֹלַד בְּבַגְדָּד כ"ז אָב התקצ"ד וְעָלָה הַשָּׁמַיְמָה י"ג אֱלוּל תרס"ט זיע"א
צִלּוּם הַתְּמוּנָה בִּשְׁנַת כ"ו לְחַיֵּי הָרַב

רַבֵּנוּ הַמְקֻבָּל הָאֱלֹהִי הֶחָכָם יוֹסֵף חַיִּים מִבַּגְדָּד - הָרִי"ח

הָרַב יוֹסֵף חַיִּים מִבַּגְדָּד **בֶּן אִישׁ חַי** הַנִּקְרָא - הָרִי"ח הַטּוֹב נוֹלַד בכ"ז בְּאָב ה'תקצ"ה - וְהִסְתַּלֵּק בי"ג בֶּאֱלוּל ה'תרס"ט, הָיָה מְקֻבָּל, דַּרְשָׁן, מַנְהִיג קְהִלָּה, מְחַבֵּר סְפָרִים וְאֶחָד הַפּוֹסְקִים הַבּוֹלְטִים בְּקֶרֶב יַהֲדוּת אַרְצוֹת הָאִסְלַאם. מְכֻנֶּה הַבֶּן אִישׁ חַי עַל שֵׁם סִפְרוֹ.

נוֹלַד בְּבַגְדָּד לְמַזָּל טוֹב וְלָרַב אֵלִיָּהוּ חַיִּים בֶּן הָרַב מֹשֶׁה חַיִּים, הַמּוֹצִיאִים לָאוֹר שֶׁל סֵפֶר הַהֲלָכָה הַמֶּרְכָּזִי שֶׁלּוֹ - **בֶּן אִישׁ חַי** מְסַפְּרִים בַּהַקְדָּמָה, שֶׁכַּאֲשֶׁר הָיָה כְּבֶן שֶׁבַע שָׁנִים, נָפַל לְתוֹךְ בְּאֵר עֲמֻקָּה תּוֹךְ כְּדֵי מִשְׂחָק וּבְנֵס נִצַּל. בִּהְיוֹתוֹ נֶדֶר בְּבוֹר שֶׁכְּשֶׁיֵּצֵא מֵהַבּוֹר יַקְדִּישׁ אֶת כָּל חַיָּיו רַק לִלְמוּד תּוֹרָה.

אֶת רֵאשִׁית לְמּוּדָיו הִתְחִיל בְּתַלְמוּד תּוֹרָה אֵצֶל דּוֹדוֹ, אֲחִי אִמּוֹ, הָרַב דָּוִד חַי מֵאִיר יוֹסֵף נִסִים סָלְמָאן מֵעַתּוּק. בְּגִיל 14 לַמְרוֹת גִּילוֹ הַצָּעִיר, הִתְקַבֵּל לְבֵית הַמִּדְרָשׁ לְרַבָּנִים **בֵּית זִלְכָּה** בְּרָאשׁוּתוֹ שֶׁל הָרַב עַבְדַאלְלָה סוֹמֵךְ, וְהָיָה לְתַלְמִידוֹ הַמֻּבְהָק. בְּגִיל 17 נָשָׂא לְרָחֵל, בִּתּוֹ שֶׁל הָרַב יְהוּדָה סוֹמֵךְ, דּוֹדוֹ שֶׁל רַבִּי עַבְדַאלְלָה סוֹמֵךְ, וְלָהֶם נוֹלְדוּ בֵּן וּבַת. הִתְפַּרְנֵס מִשֻּׁתָּפוּת עִסְקִית עִם אַרְבַּעַת אֶחָיו. סֵרַב לְקַבֵּל שָׂכָר כְּרַב קְהִלָּה, וּמִמֵּן אֶת הוֹצָאוֹת סְפָרָיו מִכַּסְפּוֹ.

הָרַב יוֹסֵף חַיִּים הָיָה בְּקֶשֶׁר רָצִיף עִם מְקֻבְּלֵי יְשִׁיבַת הַמְקֻבָּלִים בֵּית אֵל בִּירוּשָׁלַיִם, אִמֵּץ מִמִּנְהָגֵיהֶם וְהִנְחִיל אוֹתָם לִיהוּדֵי בָּבֶל.

בֶּז' בֶּאֱלוּל ה'תרי"ט נִפְטַר אָבִיו, וְהָרַב הֶחָסִיד **אֵלִיָּהוּ חַיִּים**, אֲשֶׁר עַד אָז נִמְנַע מִלְהִתְבַּלֵּט בַּצִּבּוּר, קִבֵּל עָלָיו לְהַנְהִיג אֶת קְהִלַּת בַּגְדָּאד. מַנְהִיגוּתוֹ לֹא הִתְבַּטְּאָה בְּקַבָּלַת מִשְׂרָה רַבָּנִית רִשְׁמִית, אֶלָּא בְּכָךְ שֶׁכָּל הַשְּׁאֵלוֹת הַקָּשׁוֹת בַּהֲלָכָה הָיוּ מוּבָאוֹת אֵלָיו וּבְכָךְ שֶׁהָיָה דּוֹרֵשׁ בִּפְנֵי הַצִּבּוּר. אֶת דְּרָשָׁתוֹ הָרִאשׁוֹנָה נָשָׂא בְּיוֹם י"ג בֶּאֱלוּל, בְּתֹם הַשִּׁבְעָה עַל אָבִיו, וּמֵאָז הִנְהִיג אֶת קְהִלַּת בַּגְדָּאד בְּמֶשֶׁךְ חֲמִשִּׁים שָׁנָה עַד יוֹם מוֹתוֹ. הוּא הָיָה דּוֹרֵשׁ מִדֵּי שַׁבָּת לְאַחַר תְּפִלַּת מִנְחָה לִפְנֵי אַלְפֵי אֲנָשִׁים.

הָרַב יוֹסֵף חַיִּים פָּעַל לְקֵרוּב הַתּוֹרָה לַצִּבּוּר עַל יְדֵי דְּרָשׁוֹת וְחִבּוּרִים הַמֻּתְאָמִים לְאִפְי הַצִּבּוּר. הַשְׁפָּעָתוֹ הָיְתָה רַבָּה בְּקֶרֶב יְהוּדֵי עִירַאק, הֹדּוּ, פָּרַס וִיהוּדִים סְפָרַדִּים בְּאֶרֶץ יִשְׂרָאֵל. עִם זֹאת, עַל דֶּרֶךְ פְּסִיקָתוֹ הַבִּלְתִּי שִׁגְרָתִית. הָרַב הִזְכִּיר תָּדִיר אֶת אֶרֶץ הַקֹּדֶשׁ בִּדְרָשׁוֹתָיו, וְדַאֲגָתוֹ לִשְׁלוֹמָם שֶׁל הַיּוֹשְׁבִים בָּהּ הָיְתָה רַבָּה. וְלֹא רַק בְּדִבּוּרִים בָּאָה לִידֵי בִּטּוּי אַהֲבָה זוֹ אֶלָּא גַם בְּמַעֲשִׂים. הָרַב יוֹסֵף חַיִּים נָהַג לִשְׁלֹחַ אֶת סְפָרָיו לִדְפוּס בִּירוּשָׁלַיִם וּבְכָךְ לַעֲזֹר בְּפַרְנָסַת אַנְשֵׁי יְרוּשָׁלַיִם וּלְהַבִּיעַ אֶת מַעֲלָתָהּ וּקְדֻשָּׁתָהּ שֶׁל אֶרֶץ יִשְׂרָאֵל בְּעֵינָיו. כְּמוֹ כֵן הִקְפִּיד כִּי כָּל הַכְּסָפִים אֲשֶׁר נֶאֶסְפוּ בְּקִהְפוֹת אֶרֶץ יִשְׂרָאֵל אָכֵן יַגִּיעוּ לְיַעֲדָם עַל יְדֵי שְׁלוּחֵי דְרַבָּנַן מֵאֶרֶץ יִשְׂרָאֵל, וְתָמַךְ רַבּוֹת מִכַּסְפּוֹ וְאַף שִׁדֵּל נְדִיבִים מִבְּנֵי קְהִלָּתוֹ לִבְנוֹת בְּאֶרֶץ יִשְׂרָאֵל.

בכ"ה בְּנִיסָן ה'תרכ"ט, יָצָא הָרַב יוֹסֵף חַיִּים עִם אָחִיו הָרַב יְחֶזְקֵאל עַל מְנָת לַעֲלוֹת לָרֶגֶל לְאֶרֶץ יִשְׂרָאֵל, וּלְהִשְׁתַּטֵּחַ עַל קִבְרֵי הַצַּדִּיקִים שֶׁבָּהּ. בְּיוֹם י"ב בְּאִיָּר הִגִּיעוּ לְדַמֶּשֶׂק וּבָהּ קִבְּלוּ אֶת פְּנֵיהֶם כָּל גְּדוֹלֵי הָעִיר וְלִוּוּ אוֹתָם בְּדַרְכָּם לְקִבְרֵי הַתַּנָּאִים בַּגָּלִיל, שָׁם יָשַׁב הָרַב יוֹסֵף חַיִּים מִסְפַּר יָמִים בְּקֶבֶר בְּנָיָהוּ בֶּן יְהוֹיָדָע. נִתְגַּלּוּ לוֹ שָׁם **סוֹדוֹת רַבִּים וּגְדוֹלִים**, וְאַף **נִשְׁמָתוֹ בָּאָה מִנִּשְׁמָתוֹ שֶׁל בְּנָיָהוּ בֶּן יְהוֹיָדָע**, וְלָכֵן קָרָא לִסְפָרָיו בַּשֵּׁמוֹת שֶׁל בְּנָיָהוּ בֶּן יְהוֹיָדָע וּבְכַנּוּיָיו. גַּם בְּקִבְרוֹ שֶׁל רַבִּי שִׁמְעוֹן בַּר יוֹחַאי בִּקֵּר, וּבוֹ חִבֵּר אֶת הַפִּיּוּט **וַאֲמַרְתֶּם כֹּה לֶחָי**.

מִשָּׁם הִמְשִׁיכוּ לִירוּשָׁלַיִם, בְּהַגִּיעָם אֵלֶיהָ, לְאַחַר תְּלָאוֹת רַבּוֹת, הִתְקַבְּלוּ בְּכָבוֹד גָּדוֹל עַל יְדֵי כָּל חַכְמֵי וּגְדוֹלֵי יְרוּשָׁלַיִם. אַחַת הַסִּבּוֹת לִנְסִיעָתוֹ שֶׁל הָרַב יוֹסֵף חַיִּים הָיְתָה לִלְמֹד עִם תַּלְמִידֵי יְשִׁיבַת הַמְּקֻבָּלִים בֵּית אֵל. לְאַחַר מִכֵּן הִמְשִׁיךְ דָּרוֹמָה לְחֶבְרוֹן, לִפְקֹד אֶת קִבְרֵי הָאָבוֹת בִּמְעָרַת הַמַּכְפֵּלָה וּלְבַקֵּר אֶת גִּיסוֹ הָרַב אֵלִיָּהוּ מָנִי, אֲשֶׁר כִּהֵן בָּהּ כְּרַב רָאשִׁי.

בְּיוֹם ז' בְּאָב ה'תרמ"ב נִפְטְרָה אִמּוֹ וּמֵאָז בְּמֶשֶׁךְ שֶׁבַע שָׁנִים [עָשָׂה אֶת תִּקּוּן הַקַּנָּה הַיָּדוּעַ לַמַּשְׂכִּילִים] לֹא יָצָא מִפֶּתַח בֵּיתוֹ אֲפִלּוּ לִדְרֹשׁ בָּרַבִּים.

בִּשְׁנַת ה'תרס"ח נָסַע הָרַב יוֹסֵף חַיִּים לִכְפַר כָּפִיל שֶׁבְּעִירָאק, לְהִשְׁתַּטֵּחַ עַל קֶבֶר יְחֶזְקֵאל הַנָּבִיא, וְשָׁם חִבֵּר אֶת סִפְרוֹ "מַרְאוֹת יְחֶזְקֵאל". כַּעֲבֹר יוֹתֵר מִשָּׁנָה יָצָא שׁוּב לְקִבְרוֹ שֶׁל יְחֶזְקֵאל הַנָּבִיא אַךְ לֹא הִגִּיעַ לַמָּחוֹז חֶפְצוֹ, בְּדַרְכּוֹ לְיַד הַכְּפָר גֶּץ תְּקָפָה אוֹתוֹ מַחֲלָה, וּבְיוֹם י"ג בֶּאֱלוּל ה'תרס"ט, נִפְטָר.

דַּרְכּוֹ שֶׁל הַבֶּן אִישׁ חַי לְהִתְחַשֵּׁב בִּפְסִיקַת הַהֲלָכָה בַּדֵּעוֹת הַמְּקֻבָּלִים וּבִפְסָקָיו מְשַׁלֵּב אֶת מִפְסְקֵי הָאֲרִ"י וְרַבִּי שָׁלוֹם שַׁרְעַבִּי [הָרַשָׁ"שׁ], גַּם כַּאֲשֶׁר הֵם מְנֻגָּדִים לְדַעַת הַשֻּׁלְחָן עָרוּךְ וְהָאַחֲרוֹנִים. סִדּוּר הַפְּסָקִים מְבֻסָּס עַל רְמָזִים אֶסוֹצִיָאטִיבִיִּים, שִׁמּוּשׁ רַב בְּדַרְשָׁה עַל אוֹתִיּוֹת, גִּימַטְרִיָא וְכַדוֹמֶה. סִפְרֵי הַפְּסִיקָה שֶׁל הָרַב אֵינָם שִׁיטָתִיִּים, כְּשֻׁלְחָן עָרוּךְ, אֶלָּא מְסֻדָּרִים סְבִיב פָּרְשׁוֹת הַשָּׁבוּעַ עִם קֶשֶׁר מְסֻיָּם לְנוֹשְׂאֵי הַפָּרָשָׁה, בְּדוֹמֶה לְסִפְרֵי דַּרְשָׁנוּת. הִדְגִּישׁ אֶת הַפָּן הַמִּיסְטִי בְּקִיּוּם הַמִּצְווֹת, וְעַל כֵּן הִקְפִּיד עַל בִּצוּעַ מְדֻיָּק שֶׁלָּהֶן, וְכֵן עַל הַגִּיָּה מְדֻיֶּקֶת שֶׁל הַתְּפִלָּה. יִחוּדָם הַגָּדוֹל שֶׁל דְּרָשׁוֹתָיו הָיָה חִדּוּשָׁם הַמַּתְמִיד - אַף שֶׁהָרַב יוֹסֵף חַיִּים דָּרַשׁ קָרוֹב לַחֲמִשִּׁים שָׁנָה מֵעוֹלָם לֹא נִשְׁמַע חוֹזֵר עַל דָּבָר פְּעָמִים. בְּכָל דְּרָשָׁה בֵּאֵר וְחִדֵּשׁ פָּנִים נוֹסָפוֹת וַאֲפָנִים חֲדָשִׁים בַּתּוֹרָה.

הָרַב כָּתַב לְמַעְלָה מ‑100 סְפָרִים.

סֵפֶר זֶה הוּא סֵדֶר הַשֻּׁלְחָן לְיוֹם חוֹל, מְלֻקָּט מִסְּפָרָיו הַקְּדוֹשִׁים, עִם כָּל הַכַּוָּנוֹת, הַתִּקּוּנִים וְסֵדֶר לִמּוּד בְּיוֹם חוֹל.

מִנְהֲגֵי הַחֲסִידִים קֹדֶם לְכָל סְעוּדָה בִּימֵי הַחוֹל יְפַנֶּה תְּחִלָּה וּבִפְרָט אִם מַרְגִּישׁ הַהִתְעוֹרְרוּת בְּגוּפוֹ, וְדָבָר זֶה הוּא צֹרֶךְ גָּדוֹל עַל פִּי הַסּוֹד, וְיִטֹּל יָדָיו וִיבָרֵךְ אֲשֶׁר יָצַר, וְאַחַר כָּךְ יַעֲמֹד וְיִתְוַדֶּה בְּיוֹם שֶׁיֵּשׁ בּוֹ תַּחֲנָה, וְיוֹשֵׁב בְּמָקוֹם שֶׁרוֹצֶה לֶאֱכֹל וְיִשְׁתֶּה מְעַט מַיִם פָּחוֹת מֵרְבִיעִית אִם תָּאֵב לַמַּיִם אוֹ יִשְׁתֶּה מְעַט שֵׁכָר וְיַכְוִין לִפְטֹר מַיִם שֶׁבְּתוֹךְ הַמָּזוֹן, וְאַחַר כָּךְ יֹאמַר לְשֵׁם יִחוּד וּבַקָּשׁוֹת שֶׁאָמַרְנוּ לְעֵיל, וְאַחַר כָּךְ יִטֹּל יָדָיו כַּהֲלָכָה בִּשְׁבִיל הָאֲכִילָה. וּבְיָמִים שֶׁאֵין בָּהֶם תַּחֲנָה שֶׁאֵין אוֹמְרִים וִדּוּי יֹאמְרוּ מִזְמוֹר בְּבוֹא אֵלָיו נָתָן הַנָּבִיא, וְיִהַרְהֵר בִּתְשׁוּבָה בְּלִבּוֹ, וְכָל זֶה יִהְיֶה לּוֹ עֵזֶר וְסִיּוּעַ אֶל הַבֵּרוּר שֶׁעוֹשֶׂה בַּאֲכִילָתוֹ, וְעַיֵּן חֶסֶד לַאֲלָפִים סִימָן קנ"ז אוֹת ט':

אָנָּא יְהֹוָה אֱלֹהֵינוּ וֵאלֹהֵי אֲבוֹתֵינוּ. תָּבֹא לְפָנֶיךָ תְּפִלָּתֵנוּ. וְאַל־תִּתְעַלַּם מַלְכֵּנוּ מִתְּחִנָּתֵנוּ. שֶׁאֵין אֲנַחְנוּ עַזֵּי פָנִים וּקְשֵׁי עֹרֶף לוֹמַר לְפָנֶיךָ יְהֹוָה אֱלֹהֵינוּ וֵאלֹהֵי אֲבוֹתֵינוּ צַדִּיקִים אֲנַחְנוּ וְלֹא חָטָאנוּ. אֲבָל חָטָאנוּ. עָוִינוּ. פָּשַׁעְנוּ. אֲנַחְנוּ וַאֲבוֹתֵינוּ וְאַנְשֵׁי בֵיתֵנוּ: אָשַׁמְנוּ. בָּגַדְנוּ. גָּזַלְנוּ. דִּבַּרְנוּ דֹפִי וְלָשׁוֹן הָרָע. הֶעֱוִינוּ. וְהִרְשַׁעְנוּ. זַדְנוּ. חָמַסְנוּ. טָפַלְנוּ שֶׁקֶר וּמִרְמָה. יָעַצְנוּ עֵצוֹת רָעוֹת. כִּזַּבְנוּ. כָּעַסְנוּ. לַצְנוּ. מָרַדְנוּ. מָרִינוּ דְבָרֶיךָ. נִאַצְנוּ. נִאַפְנוּ. סָרַרְנוּ. עָוִינוּ. פָּשַׁעְנוּ. פָּגַמְנוּ. צָרַרְנוּ. צִעַרְנוּ אָב וָאֵם. קִשִּׁינוּ עֹרֶף. רָשַׁעְנוּ. שִׁחַתְנוּ. תִּעַבְנוּ. תָּעִינוּ וְתִעְתַּעְנוּ. וְסַרְנוּ מִמִּצְוֹתֶיךָ וּמִמִּשְׁפָּטֶיךָ הַטּוֹבִים וְלֹא שָׁוָה לָנוּ. וְאַתָּה צַדִּיק עַל־כָּל־הַבָּא עָלֵינוּ. כִּי אֱמֶת עָשִׂיתָ. וַאֲנַחְנוּ הִרְשָׁעְנוּ:

וּבְיָמִים שֶׁאֵין בָּהֶם תַּחֲנָה שֶׁאֵין אוֹמְרִים וִדּוּי יֹאמְרוּ מִזְמוֹר בְּבוֹא אֵלָיו נָתָן הַנָּבִיא:

לַמְנַצֵּחַ[2] מִזְמוֹר לְדָוִד: בְּבוֹא־אֵלָיו נָתָן הַנָּבִיא כַּאֲשֶׁר־בָּא אֶל־בַּת־שָׁבַע: חָנֵּנִי אֱלֹהִים כְּחַסְדֶּךָ כְּרֹב רַחֲמֶיךָ מְחֵה פְשָׁעָי: הֶרֶב כַּבְּסֵנִי מֵעֲוֹנִי וּמֵחַטָּאתִי טַהֲרֵנִי: כִּי־פְשָׁעַי אֲנִי אֵדָע וְחַטָּאתִי נֶגְדִּי תָמִיד: לְךָ לְבַדְּךָ | חָטָאתִי וְהָרַע בְּעֵינֶיךָ

---

¹ בֶּן אִישׁ חַי, שָׁנָה רִאשׁוֹנָה, בְּהַר בְּחֻקֹּתַי ג'
² תְּהִלִּים נא

ה

עָשִׂיתִי לְמַעַן תִּצְדָּק בְּדָבְרֶךָ תִּזְכֶּה בְשָׁפְטֶךָ: הֶן־בְּעָוֺן
חוֺלָלְתִּי וּבְחֵטְא יֶחֱמַתְנִי אִמִּי: הֵן־אֱמֶת חָפַצְתָּ בַטֻּחוֺת
וּבְסָתֻם חָכְמָה תוֺדִיעֵנִי: תְּחַטְּאֵנִי בְאֵזוֺב וְאֶטְהָר תְּכַבְּסֵנִי
וּמִשֶּׁלֶג אַלְבִּין: תַּשְׁמִיעֵנִי שָׂשׂוֺן וְשִׂמְחָה תָּגֵלְנָה עֲצָמוֺת
דִּכִּיתָ: הַסְתֵּר פָּנֶיךָ מֵחֲטָאָי וְכָל־עֲוֺנֹתַי מְחֵה: לֵב טָהוֺר
בְּרָא־לִי אֱלֹהִים וְרוּחַ נָכוֺן חַדֵּשׁ בְּקִרְבִּי: אַל־תַּשְׁלִיכֵנִי
מִלְּפָנֶיךָ וְרוּחַ קָדְשְׁךָ אַל־תִּקַּח מִמֶּנִּי: הָשִׁיבָה לִּי שְׂשׂוֺן יִשְׁעֶךָ
וְרוּחַ נְדִיבָה תִסְמְכֵנִי: אֲלַמְּדָה פֹשְׁעִים דְּרָכֶיךָ וְחַטָּאִים
אֵלֶיךָ יָשׁוּבוּ: הַצִּילֵנִי מִדָּמִים | אֱלֹהִים אֱלֹהֵי תְּשׁוּעָתִי תְּרַנֵּן
לְשׁוֺנִי צִדְקָתֶךָ: אֲדֹנָי שְׂפָתַי תִּפְתָּח וּפִי יַגִּיד תְּהִלָּתֶךָ: כִּי |
לֹא־תַחְפֹּץ זֶבַח וְאֶתֵּנָה עוֺלָה לֹא תִרְצֶה: זִבְחֵי אֱלֹהִים רוּחַ
נִשְׁבָּרָה לֵב־נִשְׁבָּר וְנִדְכֶּה אֱלֹהִים לֹא תִבְזֶה: הֵיטִיבָה
בִרְצוֺנְךָ אֶת־צִיּוֺן תִּבְנֶה חוֺמוֺת יְרוּשָׁלָיִם: אָז תַּחְפֹּץ זִבְחֵי־
צֶדֶק עוֺלָה וְכָלִיל אָז יַעֲלוּ עַל־מִזְבַּחֲךָ פָרִים:

וְיִשְׁתֶּה מְעַט מַיִם פָּחוֺת מֵרְבִיעִית:

בָּרוּךְ אַתָּה יְהֹוָה אֱלֹהֵינוּ מֶלֶךְ הָעוֺלָם,
שֶׁהַכֹּל נִהְיָה בִּדְבָרוֺ:

הַקְדָּמָה לְסֵדֶר לְמוּד הַשַּׁיָּךְ לִסְעוּדָה

יִתְחַכְּמוּ **הַ**חֲכָמִים וְ**יִ**תְבּוֹנְנוּ **הַ**נְּבוֹנִים. הֲלֹא זֹאת מוּדַעַת הִיא שֶׁשְּׁלֵמוּת נֶפֶשׁ הָאָדָם בָּעוֹלָם הַזֶּה הִיא תְּלוּיָה בִּמְלָאכָה גְדוֹלָה שֶׁל בֵּרוּר נִיצוֹצֵי הַקְּדוֹשָׁה שֶׁהֵם חֲלָקִים הַנַּפְשִׁיִּים שֶׁל בֵּית יִשְׂרָאֵל: וּלְצֹרֶךְ זֶה יֵשׁ לְאָדָם שְׁנֵי מִינֵי עָמָל. הָאֶחָד עָמָל לְמוּד הַתּוֹרָה הַקְּדוֹשָׁה, שֶׁעַל יְדֵי עֵסֶק הַתּוֹרָה מִתְבָּרְרִים נִיצוֹצֵי הַקְּדֻשָּׁה. וְהַשֵּׁנִי עָמָל אֲכִילָה וּשְׁתִיָּה. שֶׁיֵּשׁ נִיצוֹצֵי קְדֻשָּׁה נִבְרָרִים עַל יְדֵי עֵסֶק הַתּוֹרָה בִּלְבַד. וְיֵשׁ נִבְרָרִים עַל יְדֵי אֲכִילָה וּשְׁתִיָּה. שֶׁיֵּשׁ כַּמָּה וְכַמָּה חֲלָקֵי נְפָשׁוֹת מְעֹרָבִים בְּצוֹמֵחַ וּבְבַעֲלֵי חַיִּים, וּכְמוֹ שֶׁכָּתוּב - רְעֵבִים גַּם צְמֵאִים נַפְשָׁם בָּהֶם תִּתְעַטָּף. פֵּרוּשׁ מָה שֶׁבָּרָא הַקָּדוֹשׁ בָּרוּךְ הוּא אֶת בְּנֵי הָאָדָם שֶׁיִּהְיוּ רְעֵבִים גַּם צְמֵאִים, שֶׁצָּרִיךְ לָהֶם אֲכִילָה וּשְׁתִיָּה, מִפְּנֵי כִּי נַפְשָׁם שֶׁל בְּנֵי אָדָם בָּהֶם, רְ"ל בְּמִינֵי הָאֲכִילָה וּשְׁתִיָּה תִּתְעַטָּף. כְּלוֹמַר מְגֻלְגָּלִים וּטְמוּנִים בְּתוֹכָם. וְעַל יְדֵי אֲכִילָה וּשְׁתִיָּה שֶׁל בְּנֵי אָדָם שֶׁאוֹכְלִים כָּל מִינֵי הַצְּמָחִים, יְרָקוֹת, וּפְרֵי הָאֲדָמָה, וּפְרֵי הָעֵץ, וְגַם אוֹכְלִים כָּל בָּשָׂר בַּעֲלֵי חַיִּים, וְגַם שׁוֹתִים מַיִם וְכָל מִינֵי מַשְׁקִים. אָז מִבְרָרִים חֶלְקֵי הַנְּפָשׁוֹת הֵהֵם וּמַעֲלִים אוֹתָם לְהַשְׁלִים נַפְשָׁם בָּהֶם:

וּשְׁנֵי מִינֵי עָמָל אֵלּוּ הֵם בַּפֶּה, כִּי הַפֶּה מְשַׁמֵּשׁ שְׁנֵי מְלָאכוֹת אַחַת שֶׁל הַכְנָסָה שֶׁהוּא אֲכִילָה וּשְׁתִיָּה, וְאַחַת שֶׁל יְצִיאָה שֶׁהוּא לְמוּד הַתּוֹרָה הַקְּדוֹשָׁה שֶׁמּוֹצִיאָה בְּפִיו, כְּמוֹ שֶׁכָּתוּב - כִּי חַיִּים הֵם לְמוֹצְאֵיהֶם. וְדָרְשׁוּ רַזַ"ל לְמוֹצִיאֵהֶם בַּפֶּה, וְלֹא יֵשׁ מָקוֹם בְּגוּף הָאָדָם שֶׁמְּשַׁמֵּשׁ שְׁתֵּי מְלָאכוֹת הַפְּכִיּוֹת שֶׁהֵם כְּנִיסָה וִיצִיאָה אֶלָּא רַק הַפֶּה בִּלְבַד, וְלָזֶה אָמַר - כָּל-עֲמַל הָאָדָם לְפִיהוּ וְגַם הַנֶּפֶשׁ לֹא תִמָּלֵא: כְּלוֹמַר כָּל עָמַל כָּל אָדָם בָּעוֹלָם הַזֶּה, כָּל דַּיְקָא: הֵן עָמַל תּוֹרָה, הֵן עָמַל אֲכִילָה וּשְׁתִיָּה הוּא לְפִיהוּ, כִּי זֶה הַמָּקוֹם הוּא מַכְנִיס וּמוֹצִיא כַּאֲשֶׁר אָמַרְנוּ, וְעִם כָּל זֶה גַּם הַנֶּפֶשׁ שֶׁהִיא רוּחָנִית וְנֶאֱצֶלֶת מִן עֲמָלִים אֵלּוּ שֶׁבַּפֶּה, שֶׁהֵם אַחַת בַּכְנִיסָה וְאַחַת בַּיְצִיאָה, לֹא תִמָּלֵא חֲלָקִים הַשַּׁיָּכִים לָהּ מִן הַבֵּרוּרִים הַמַּעֲשִׂים בַּפֶּה, כִּי אֵין אָדָם מִתְמַלֵּא חֶסְרוֹנוֹ בְּפַעַם רִאשׁוֹנָה שֶׁבָּא לָעוֹלָם הַזֶּה, אֶלָּא צָרִיךְ לַחֲזֹר בְּגִלְגּוּל כְּדֵי לְהַשְׁלִים חֲלָקִים הַשַּׁיָּכִים לַנְּפָשׁוֹת הֵן מִצַּד עֲמַל תּוֹרָה, הֵן מִצַּד עֲמַל אֲכִילָה וּשְׁתִיָּה שֶׁשְּׁנֵיהֶם בַּפֶּה מָה הֵמָּה עוֹמְדִים:

וְהִנֵּה עֲמַל תּוֹרָה שֶׁהוּא רוּחָנִי וְקָדוֹשׁ מוּכָח מִתּוֹכוֹ שֶׁמְּלַאכְתּוֹ הִיא מְלֶאכֶת הַקֹּדֶשׁ יַעַן כִּי הוּא נוֹגְדִי לַחֹמֶר, הַגּוּף אֲבָל עֲמַל אֲכִילָה וּשְׁתִיָּה מֵאַחַר שֶׁהוּא עֹנֶג לַחֹמֶר הַגּוּף אֵינוֹ מוּכָח וּמְבוֹרֵר שֶׁמְּלַאכְתּוֹ הִיא בִּכְלַל מְלֶאכֶת הַקֹּדֶשׁ, אֶלָּא הָרוֹאֶה אוֹמֵר לְעֹנֶג הַגּוּף הוּא בָא וְנַעֲשָׂה, עַל כֵּן עֵסֶק זֶה אֵינוֹ מִתְקַדֵּשׁ לִהְיוֹת קֹדֶשׁ וּלְהִכָּלֵל בִּקְדֻשָּׁה אֶלָּא עַל יְדֵי הַכַּוָּנָה וְהַמַּחֲשָׁבָה שֶׁמְּכַוֵּן וְחוֹשֵׁב בְּסוֹד הָאֲכִילָה וְהַשְּׁתִיָּה וּרְמָזֶיהָ וְשָׁרְשָׁהּ, וּבֶאֱמֶת עֵין רוֹאֶה דְּלָאו כָּל עָלְמָה גְּמִירֵי לְכַוֵּן בְּסוֹד הוי"ה, וְגַם הַמְּבִינִים טִרְדַת הַזְּמַן וּבִלְבּוּל הַדַּעַת מְנַעַתָם מִן הַכַּוָּנָה הָרְאוּיָה לִהְיוֹת בְּסוֹד הוי"ה. וְרַק הַלָּשׁוֹן הוּא יָכוֹל לְהַשְׁלִים בְּמִשְׁלִי - לְשׁוֹן חֲכָמִים תֵּיטִיב דַּעַת שֶׁהָאָדָם מְסַדֵּר בְּפִיו וּלְשׁוֹנוֹ. מָה שֶׁצָּרִיךְ לְכַוֵּן וְלַחֲשֹׁב בְּלִבּוֹ וּמוֹחוֹ, וְעַל כֵּן לְשׁוֹן חֲכָמִים הַסָּדוּר בְּדֶרֶךְ תְּפִלָּה וּבַקָּשָׁה עַל כָּל מִצְוָה וּמִצְוָה תֵּיטִיב דַּעַת לְאָדָם, הֵן בְּמַעֲשֵׂה הַמִּצְוָה שֶׁעוֹשֶׂה הֵן בַּאֲכִילָה וּשְׁתִיָּה, שֶׁאוֹכֵל וְשׁוֹתֶה שֶׁעַל יְדֵי זֶה יַשְׁלִים הָאָדָם מְלֶאכֶת הַקֹּדֶשׁ שֶׁל הַבֵּרוּרִים:

וּבְרֵאשִׁית מַאֲמָר אַגִּישָׁה לִפְנֵי הַקּוֹרְאִים הַנֶּאֱמָנִים עִנְיָן הַנּוֹגֵעַ לַאֲכִילָה שֶׁהוּא מְלָאכָה גְדוֹלָה בִּמְלֶאכֶת הַקֹּדֶשׁ שֶׁל הַבֵּרוּר, וְהוּא כִּי הַכַּוָּנוֹת שֶׁל הָאֲכִילָה הֵם חֲמִשָּׁה כַּוָּנוֹת עֲמֻקּוֹת שֶׁהֵם הָאַחַת - **מ"ו**. וְהַשֵּׁנִית - **נ"ח**. וְהַשְּׁלִישִׁית - **לח"ם**. וְהָרְבִיעִית - **ד"ק**. וְהַחֲמִישִׁית - **פ"ד**. וּמְפָרְשִׁים הֵיטֵב בְּשַׁעַר טַעֲמֵי מִצְווֹת לְרַבֵּנוּ הָאֲרִ"י זלה"ה בְּפָרְשַׁת עֵקֶב, וּמְפָרֵשׁ שָׁם דָּמָה שֶׁאָמְרוּ רַזַ"ל בִּבְרָכוֹת דַּף ס"א - **מָנוֹחַ עַם הָאָרֶץ הָיָה**, הוּא מִפְּנֵי כִּי מָנוֹחַ לֹא הָיָה מְכַוֵּן בְּכָל הַחֲמִשָּׁה כַּוָּנוֹת הַנִּזְכָּרוֹת לְעֵיל, אֶלָּא הָיָה מְכַוֵּן בִּשְׁתַּיִם מֵהֶם בִּלְבַד, שֶׁהֵם - **מ"ו נ"ח**, וְלִהְיוֹתוֹ מְכַוֵּן וְעוֹשֶׂה בֵּרוּר בַּאֲכִילָתוֹ בִּשְׁתֵּי כַּוָּנוֹת אֵלּוּ דַּוְקָא שֶׁהֵם כַּוָּנַת **מ"ו** וְכַוָּנַת **נ"ח**, עַל

כֵּן נִקְרָא **מָנוֹחַ**, שֶׁהוּא צֵרוּף **מ"ו נ"ח**, וְלִהְיוֹת כִּי הַכַּוָּנָה הַזֹּאת שֶׁל **מ"ו נ"ח** הָרָמוּז בְּשֵׁם **מָנוֹחַ** בִּלְתִּי עֶלְיוֹנָה מְאֹד. לָכֵן אָמְרוּ רז"ל - מָנוֹחַ עַם הָאָרֶץ הָיָה, כִּי הֶחָכָם יֵשׁ לוֹ כַּוָּנָה גְדוֹלָה מִכָּל זֶה, וְלָכֵן אָמַר לוֹ הַמַּלְאָךְ - אִם תַּעְצְרֵנִי לֹא אֹכַל בְּלַחְמֶךָ. לְפִי שֶׁאֵין כַּוָּנָתְךָ זוֹ כָּל כָּךְ גְּדוֹלָה, עַד כָּאן דְּבָרָיו, עַיֵּן שָׁם. נִמְצָא אַף עַל פִּי שֶׁהוּא הָיָה מְכַוֵּן הָיָה שְׁנֵי כַּוָּנוֹת אֵלּוּ שֶׁל **מ"ו נ"ח** כָּרָאוּי, כֵּיוָן דְּאֵינוֹ מְכַוֵּן בְּכָל הַחֲמִשָּׁה כַּוָּנוֹת שֶׁהֵם **מ"ו נ"ח לח"מ ד"ק פ"ד** קָרְאוּ אוֹתוֹ עַם הָאָרֶץ, וְכָל שֶׁכֵּן מִי שֶׁאֵינוֹ מְכַוֵּן כְּלָל אֲפִלּוּ בְּאַחַת שֶׁרָאוּי לְקָרוֹתוֹ עַם הָאָרֶץ, עַל כֵּן אָמַרְתִּי לְהָבִיא כָּאן סֵדֶר בַּקָּשָׁה קֹדֶם אֲכִילָה אֲשֶׁר כָּל אָדָם יָכוֹל לְאָמְרָה וּבְאֵלֶּה הַדְּבָרִים יָצָא הָאָדָם יְדֵי חוֹבָתוֹ וְתִהְיֶה נַעֲשִׂית מְלֶאכֶת הַבֵּרוּר בְּיָדוֹ כָּרָאוּיָה, וְהַשֵּׁם יִתְבָּרֵךְ בְּרַחֲמָיו לֹא יִמְנַע טוֹב לַהֹלְכִים בְּתָמִים:

קוֹדֶם שֶׁיִּטֹּל יָדָיו יֹאמַר:

יְהִי רָצוֹן מִלְּפָנֶיךָ יְהֹוָאֲדֹנָיאהדונהי אֱלֹהַי וֵאלֹהֵי אֲבוֹתַי שֶׁתִּתֵּן כֹּחַ וְאֹמֶץ וְזוֹזֶק בַּאֲכִילָתִי, לַעֲשׂוֹת בֵּרוּר בַּמַּאֲכָל אֲשֶׁר אֲנִי אוֹכֵל. לְבָרֵר הַטּוֹב שֶׁבּוֹ מִן הַסִּיגִים הַמְעֹרָבִים בּוֹ. וְיִהְיֶה נִבְרַר עַל יְדֵי הַשְּׁנַּיִם הַטּוֹחֲנִין וּמְבָרְרִין הַמַּאֲכָל שֶׁהֵם כְּנֶגֶד ל"ב נְתִיבוֹת חָכְמָה הַמְבָרְרִין הַכֹּל. וְיַעֲלֶה לְפָנֶיךָ כְּאִלּוּ כִּוַּנְתִּי בְּכָל הַכַּוָּנוֹת, בִּשְׁתֵּי הַלְּחָזַיִם הַלּוֹעֲסִין אֶת הַמַּאֲכָל, שֶׁהֵם סוֹד אַבָּא וְאִימָּא שֶׁבָּהֶם עִנְיַן הָאֲכִילָה. וְכַכָּתוּב – אָכְלוּ רֵעִים.

שֶׁבַּלְּחָזֵי הָעֶלְיוֹן יֵשׁ

א

עִלָּאָה

שֶׁצּוּרָתָהּ

וָו"י

כְּמִנְיַן אוֹתִיּוֹת הַשֵּׁם

יְהֹוָה

בָּרוּךְ הוּא וְהוּא רוֹמֵז בְּאַבָּא.

וּבְלֻחֵי הַתִּתְזוֹתוֹן יֵשׁ

א

תַּתָּאָה שֶׁצּוּרָתָה

יוּ"ד

וְהִיא רוֹמֶזֶת בְּאִימָא, וּשְׁנֵיהֶם

יו"י – כ"ו   **א**   יו"ד – כ'

עוֹלִים מִסְפָּר

מ"ו

שֶׁהוּא מִלּוּי הַשֵּׁם בְּמִלּוּי יוּדִי"ן

יוד הי ויו הי

וְיַעֲלֶה לְפָנֶיךָ כְּאִלּוּ כִּוַּנְתִּי בְּכָל הַכַּוָּנוֹת הָרְאוּיוֹת

לְכַוֵּן, בְּכַוָּנָה שֶׁל

נ"ח

יו"וד – כ"ו   **א**   **א**   יו"וי – ל"ב

בְּשֹׁרֶשׁ מְצִיאוּת הָאֹכֶל, שֶׁהוּא מִסְפָּר

א"ל יהו"ה

שֶׁעוֹלֶה עִם הַכּוֹלֵל מִסְפָּר

נ"ח

וְיַעֲלֶה לְפָנֶיךָ כְּאִלּוּ כִּוַּנְתִּי בְּכָל הַכַּוָּנוֹת הָרְאוּיוֹת לְכַוֵּן, בְּמִסְפָּר

לז"ם

שֶׁהוּא מִסְפָּר שְׁלֹשָׁה שֵׁמוֹת

יְהֹו"ה יְהֹו"ה יְהֹו"ה

אאא

כ'   כ"ו   ל"ב

וְיַעֲלֶה לְפָנֶיךָ כְּאִלּוּ כִּוַּנְתִּי בְּכָל הַכַּוָּנוֹת הָרְאוּיוֹת לְכַוֵּן, בְּמִסְפָּר

ד"ק

כ"ו   כ'   כ"ו   א   א   ל"ב
מ"ו   נ"ז

שֶׁהוּא מִסְפָּר זִבּוּר

מ"ו נ"ז

בְּיַחַד בִּטְחִינַת הַמַּאֲכָל עַל יְדֵי הַשִּׁנַּיִם, לַהֲדֹק אוֹתוֹ וְלִכְתֹּשׁ אוֹתוֹ וְלַעֲשׂוֹתוֹ

ד"ק

וְיַעֲלֶה לְפָנֶיךָ כְּאִלּוּ כִּוַּנְתִּי בְּכל הַכַּוָּנוֹת הָרְאוּיוֹת לְכַוֵּן בִּבְלִיעַת הַמַּאֲכָל אֲזֵר שֶׁנִּטְזֵן, שֶׁאָז יִהְיֶה בָּאִצְטוֹמְכָא גְּמַר הַבֵּרוּר שֶׁמִּתְעַכֵּל הַמַּאֲכָל. וְהַטּוֹב שֶׁבּוֹ מִתְהַפֵּךְ לְדָם. וְהַמָּזוֹן הוֹלֵךְ אֶל הַכָּבֵד. וּמִתְפַּשֵּׁט בְּכל הָעוֹרְקִים וְהָאֵבָרִים. וְהָרַע שֶׁבּוֹ יוֹרֵד דֶּרֶךְ בְּנֵי מֵעַיִם וְיוֹצֵא לַחוּץ. וּכְאִלּוּ עָשִׂיתִי הַכַּוָּנָה שֶׁל מִסְפָּר

פ"ד

שֶׁהוּא מִסְפָּר

נ"חז

עִם צִיּוּר

א

עֶלְאָה שֶׁמִּסְפָּרָהּ כ"ו שֶׁהֵם עוֹלִים מִסְפָּר

פ"ד

א א א

שֶׁהוּא

א חז ה' ע

שֶׁבֵּגָּרוֹן בְּבֵית הַבְּלִיעָה

שֶׁהַחֵזֶךְ שֶׁהוּא סוֹד זְכְמָה, דְּוֹזֶה הַמַּאֲכָל בַּגָּרוֹן

שֶׁהוּא סוֹד אִימָּא. וְכָאֵלוּ כְּוַנְתִּי עוֹד בְּמִסְפָּר

פ"ד

שֶׁהוּא מִסְפָּר

זֹזוּ"ך

אֲשֶׁר בְּעוֹלַם הַיְצִירָה

וּבְמִסְפַּר הָאֹכֶל שֶׁהוּא מִסְפַּר

א"ל יהו"ה

שֶׁבַּיְצִירָה

וְיַעֲלֶה לְפָנֶיךָ כְּאֵלוּ כְּוַנְתִּי בַּזְמִּור

כָּל הַכַּוָנוֹת שֶׁל

מ"ו   נ"זז

לזז"ם

ד"ק   פ"ד

אֲשֶׁר כֻּלָּם עוֹלִים מִסְפַּר

ש"ע

נְהוֹרִין שֶׁהֵם שְׁנֵי שֵׁמוֹת

לָמֶ"ד אָלֶ"ף   לָמֶ"ד אָלֶ"ף

אָ   אָ   אָ

מ"ו

נ"זז

אָאָאָ

לזז"ם

אָאָאָ   אָאָאָ

ד"ק

פ"ד

שׁ"ע

לָמֶ"ד אָלֶ"ף   לָמֶ"ד אָלֶ"ף

וְיַעֲלֶה לְפָנֶיךָ כְּאִלּוּ כִּוַּנְתִּי בְּכָל הַכַּוָּנוֹת הָרְאוּיוֹת לְכַוֵּן בַּהַאֲכִילָה אֲשֶׁר אֲנִי אוֹכֵל, לְהַמְשִׁיךְ שֶׁפַע וּמָזוֹן מֵחִיצוֹנִיּוֹת חָכְמָה וּבִינָה לְתִפְאֶרֶת וּמַלְכוּת. וּלְהַמְשִׁיךְ שֶׁפַע וּמָזוֹן מִיצִירָה לַעֲשִׂיָּה. וּלְבָרֵר הַטּוֹב שֶׁבַּמַּאֲכָל, וּלְבָרֵר נִצוֹצֵי הַקְּדוּשָׁה הַמְעֹרָבִים בּוֹ, עַל יְדֵי זֻהֲמַת אָדָם הָרִאשׁוֹן. וְגַם לְתַקֵּן כָּל נְשָׁמָה

יד

הַמִּתְגַּלְגֶּלֶת בּוֹ. וְיִתָּקְנוּ וְיִתְבָּרְרוּ הַכֹּל עַל יְדֵי
מַחֲשָׁבָה דְאַבָּא.

יְהִי רָצוֹן מִלְפָנֶיךָ יְהֹוָה אֱלֹהַי וֵאלֹהֵי אֲבוֹתַי
שֶׁבְּכֹחַ סְגֻלַּת:

מ"ו   נ"זז

לֹזֹ"ם

ד"ק   פ"ד

אֲשֶׁר כֻּלָּם עוֹלִים מִסְפָּר

ש"ע

נְהוֹרִין שֶׁהֵם שְׁנֵי שֵׁמוֹת א"ל מְלֵאִים

לָמֶ"ד אָלֶ"ף לָמֶ"ד אָלֶ"ף

שֶׁתִּפְעַל אֲכִילָתִי פְּעֻלַּת הַקָּרְבָּן, שֶׁמְּקָרֵב הַכֹּוָזוֹת
הָעֶלְיוֹנִים מִלְּמַטָּה לְמַעְלָה. כִּי כֵן הָאֲכִילָה תַּמְצִיתָהּ
הוֹלֵךְ לַכָּבֵד, וּמֵהַכָּבֵד לַלֵּב, וּמֵהַלֵּב לַמֹּחַ מִמַּטָּה
לְמַעְלָה. כֵּן עַל יְדֵי אֲכִילָתִי, יִתְקָרְבוּ הַכֹּוָזוֹת
הָעֶלְיוֹנִים מִמַּטָּה לְמַעְלָה מֵעֲשִׂיָּה לַיְצִירָה. וּמִיְצִירָה
לַבְּרִיאָה. וּמַבְּרִיאָה לָאֲצִילוּת, מַדְרֵגָה לְמַעְלָה
מִמַּדְרֵגָה עַד אֵין סוֹף בָּרוּךְ הוּא. וּמִשָּׁם יִשְׁתַּלְשֵׁל

וְיוֹרֵד שֶׁפַע גָּדוֹל לְכָל הָעוֹלָמוֹת, עַד הִגִּיעוּ עָלַי, וְכָל אֵבֶר וְאֵבֶר מֵאֵיבָרַי יַזְזִיק אֵבֶר שֶׁנֶּגְדּוֹ בָּעֶלְיוֹן.

יְהִי רָצוֹן מִלְּפָנֶיךָ יְהֹוָהאלדיאהדונהי אֱלֹהַי וֵאלֹהֵי אֲבוֹתַי, שֶׁכָּל נִצוֹצֵי הַקְּדוֹשָׁה שֶׁבַּמַּאֲכָל הַזֶּה, וְכָל רוֹזְזוֹת הַמְּגֻלְגָּלִים שֶׁבּוֹ, יִתְבָּרְרוּ וְיִתְתַּקְּנוּ כָּרָאוּי. וּמַה שֶּׁלֹּא יִתְבָּרֵר וְיִתְתַּקֵּן, אַתָּה הָאֵל עוֹשֶׂה וְחֶסֶד לַאֲלָפִים, בְּרַחֲמֶיךָ הָרַבִּים תַּשְׁלִים לְבָרְרָם וּלְתַקְּנָם, וְעֲשֵׂה לְמַעַן שִׁמְךָ הַגָּדוֹל

יוד הי ויו הי

שֶׁלֹּא יַזְזִיטִיאוּנִי וְלֹא יַזִּיקוּנִי. וְתִשְׁמְרֵנִי וְתַצְּלֵנִי מֵאֲכִילַת אִסוּר, וְלֹא תָבוֹא תַקָּלָה עַל יָדִי, וּתְחַבֵּר כָּל נִצוֹצֵי הַקְּדוֹשָׁה שֶׁנִּתְפַּזְּרוּ עַל יָדִי בַּקְּלִפָּה. וְתַחֲזַיִירֵם אֶל הַקְּדוֹשָׁה מְנֻקּוֹת מִכָּל רַע, וְאֶת נַפְשֵׁנוּ תְּטַהֵר, וְהָיָה יְהֹוָהאלדיאהדונהי לְמֶלֶךְ עַל כָּל הָאָרֶץ בַּיּוֹם הַהוּא יִהְיֶה יְהֹוָהאלדיאהדונהי אֶחָד וּשְׁמוֹ אֶחָד.

וִיהִי | נֹעַם אֲדֹנָי אֱלֹהֵינוּ עָלֵינוּ וּמַעֲשֵׂה יָדֵינוּ כּוֹנְנָה עָלֵינוּ וּמַעֲשֵׂה יָדֵינוּ כּוֹנְנֵהוּ:

עַיֵן בֶּן אִישׁ חַי, שָׁנָה רִאשׁוֹנָה, אָמֵר ד'

לְמִבְצָע עַל רְפָתָּא, כְּזֵיתָא וְכַבְּעֵתָא תְּרֵין יוֹדִין
נְקֻטָא, סְתִימִין וּפְרִישִׁין בְּשַׁזוֹ זֵית דְּכֵא, דְּטַזֲנִין רְזִיָּא
וְנַגְדִין נַזְלִיָּא, בְּגַוֵּהּ בִּלְחִזֵישִׁין. הֲלֹא נֵימָא רָזֵין, וּמִלִּין
דִּגְנִיזִין דָּלֶחְתְהוֹן מִתְחַזַּן טְמִירִין וְכַבְּישָׁן אֶעֲטֵר יָת
כַּלָּה, בְּרָזִין דִּלְעֵלָּא בְּגוֹ הֲכוֹלָא, דְּעִירִין קָדִּישִׁין:

בַּאֲמִירַת מִזְמוֹר זֶה יְכַוֵּן שֶׁלֹּא יֶחְסַר מְזוֹנוֹ, וְכֵן מְזוֹן הַנֶּפֶשׁ.
בְּמִזְמוֹר זֶה יֵשׁ ז״ן תֵּבוֹת, וברכ״ה אוֹתִיּוֹת.

מִזְמוֹר לְדָוִד יְהֹוָהִיאהדונהי [ניקוד גימ' ע״ב ניקוד של יְהָבִּד]

יְהָבֵּךְ [גימ' ל״ז מילוי שם ס״ג] וד' י או י

יכוון בשם יוד הִי וו הֵה גימ' ז״ן. ויכוון בשם ס״ג יוד הִי ואו הִי

רֹעִי לֹא אֶחְסָר: בִּנְאוֹת דֶּשֶׁא יַרְבִּיצֵנִי עַל מֵי מְנֻחוֹת
יְנַהֲלֵנִי: נַפְשִׁי יְשׁוֹבֵב יַנְחֵנִי בְמַעְגְּלֵי צֶדֶק לְמַעַן שְׁמוֹ:
גַּם כִּי אֵלֵךְ בְּגֵיא צַלְמָוֶת לֹא אִירָא רָע כִּי אַתָּה עִמָּדִי
שִׁבְטְךָ וּמִשְׁעַנְתֶּךָ הֵמָּה יְנַחֲמֻנִי: תַּעֲרֹךְ לְפָנַי שֻׁלְחָן
נֶגֶד צֹרְרָי דִּשַּׁנְתָּ בַשֶּׁמֶן רֹאשִׁי כּוֹסִי רְוָיָה: אַךְ טוֹב
וָחֶסֶד יִרְדְּפוּנִי כָּל יְמֵי חַיָּי וְשַׁבְתִּי בְּבֵית יְהֹוָה לְאֹרֶךְ
יָמִים:

וִיהֵא רַעֲוָא מִן קֳדָם עַתִּיקָא קַדִּישָׁא דְּכָל קַדִּישִׁין,
טְמִירָא דְּכָל טְמִירִין, סְתִימָא דְּכֹלָּא, דְּיִתְמְשֵׁךְ טַלָּא
עִלָּאָה מִנֵּהּ לְמַלְיָא רֵישֵׁהּ דִּזְעֵיר אַנְפִּין, וּלְהַטִּיל
לַחֲקַל תַּפּוּחִין קַדִּישִׁין בִּנְהִירוּ דְּאַנְפִּין בְּרַעֲוָא
וּבְחֶדְוָתָא דְּכֹלָּא, וְיִתְמְשֵׁךְ מִן קֳדָם עַתִּיקָא קַדִּישָׁא
דְּכָל קַדִּישִׁין, טְמִירָא דְּכָל טְמִירִין, סְתִימָא דְּכֹלָּא,
רְעוּתָא וְרַחֲמֵי זִמְנָא וְזִסְדָּא בִּנְהִירוּ עִלָּאָה בְּרַעֲוָתָא
וְחֶדְוָה, עֲלַי וְעַל כָּל בְּנֵי בֵּיתִי וְעַל הַנִּלְוִים אֵלַי וְעַל
כָּל יִשְׂרָאֵל עַמֵּהּ, וְיִפְרְקִינָן מִכָּל עָקְתִין בִּישִׁין דְּיֵיתוּן
לְעָלְמָא, וְיַזְמִין וְיִתְיְהִיב לָנָא וּלְכָל נַפְשָׁתָנָא זִמְנָא
וְזִסְדָּא וְזִיֵּי אֲרִיכֵי וּמְזוֹנֵי רְוִיחֵי וְרַחֲמֵי מִן קֳדָמֵהּ,
אָמֵן כֵּן יְהִי רָצוֹן.

אָנָּא בְּכֹחַ,	גְּדֻלַּת יְמִינְךָ,	תַּתִּיר צְרוּרָה:	אב"ג ית"ץ
קַבֵּל רִנַּת,	עַמְּךָ שַׂגְּבֵנוּ,	טַהֲרֵנוּ נוֹרָא:	קר"ע שט"ן
נָא גִבּוֹר,	דּוֹרְשֵׁי יִחוּדְךָ,	כְּבָבַת שָׁמְרֵם:	נג"ד יכ"ש
בָּרְכֵם טַהֲרֵם,	רַחֲמֵי צִדְקָתְךָ,	תָּמִיד גָּמְלֵם:	בט"ר צת"ג
חֲסִין קָדוֹשׁ,	בְּרוֹב טוּבְךָ,	נַהֵל עֲדָתֶךָ:	חק"ב טנ"ע
יָחִיד גֵּאֶה,	לְעַמְּךָ פְנֵה,	זוֹכְרֵי קְדֻשָּׁתֶךָ:	יג"ל פז"ק
שַׁוְעָתֵנוּ קַבֵּל,	וּשְׁמַע צַעֲקָתֵנוּ,	יוֹדֵעַ תַּעֲלוּמוֹת:	שק"ו צי"ת

[וְאוֹמֵר בְּלַחַשׁ] בָּרוּךְ, שֵׁם כְּבוֹד מַלְכוּתוֹ, לְעוֹלָם וָעֶד.

יֹאמַר קֹדֶם נְטִילַת יָדַיִם:

לְשֵׁם יִזזוּד קֻדְשָׁא בְּרִיךְ הוּא וּשְׁכִינְתֵּהּ

י א ה ד ו נ ה י

בְּדִזזִילוּ וּרְזזִימוּ   וּרְזזִימוּ וּדְזזִילוּ

יאההויהה   איההיותהה

לְיַזזַדָא

אוֹתִיּוֹת י"ה בְּאוֹתִיּוֹת ו"ה

בְּיִזזוּדָא שְׁלִים

יהוה

בְּשֵׁם כָּל יִשְׂרָאֵל, לְאַקָמָא שְׁכִינְתָּא מֵעַפְרָא וּלְעַלוּיֵ שְׁכִינַת עֻזֵּנוּ, הֲרֵינִי בָּא לְקַיֵּם מִצְוַת עֲשֵׂה דְרַבָּנָן לְטוֹל יָדַי וּלְשַׁפְשְׁפָן הֵיטֵב קֹדֶם סְעֻדָּה, כְּדֵי לַעֲשׂוֹת נַחַת רוּחַ לְיוֹצְרִי וְלַעֲשׂוֹת רְצוֹן בּוֹרְאִי, לְתַקֵּן שֹׁרֶשׁ מִצְוָה זוֹ בְּמָקוֹם עֶלְיוֹן. וִיהִי רָצוֹן מִלְּפָנֶיךָ, יְהוָה‎ אֱלֹהֵינוּ וֵאלֹהֵי אֲבוֹתֵינוּ, שֶׁתְּהֵא חֲשׁוּבָה וּמְקֻבֶּלֶת וּרְצוּיָה לְפָנֶיךָ מִצְוָה זוֹ שֶׁל נְטִילַת יָדַיִם וְהַשִּׁפְשׁוּף קֹדֶם סְעֻדָּה, כְּאִלּוּ כִּוַּנְתִּי בְּכָל הַכַּוָּנוֹת הָרְאוּיוֹת לְכַוֵּן בְּמִצְוָה זוֹ.

וִיהִי רָצוֹן מִלְּפָנֶיךָ, יְהֹוָה אֱלֹהֵינוּ וֵאלֹהֵי אֲבוֹתֵינוּ, שֶׁבִּזְכוּת מִצְוַת הַבְּרָכָה אֲשֶׁר נְבָרֵךְ עַל נְטִילַת יָדַיִם קֹדֶם סְעֻדָּה, יִהְיֶה עַתָּה עֵת רָצוֹן לְפָנֶיךָ, וְיִמָּשֵׁךְ מִן אוֹר אֵין סוֹף שֶׁפַע מְזוֹזִין וְאוֹרוֹת גְּדוֹלִים לִשְׁנֵים עָשָׂר פַּרְצוּפִים, הָרְמוּזִים בְּעֶשֶׂר סְפִירוֹת הַכּוֹלְלוֹת, שֶׁהֵן רְמוּזוֹת בְּעֶשֶׂר אֶצְבְּעוֹת הַיָּדַיִם, וּמִשָּׁם נְקַבֵּל שֶׁפַע עֶשֶׂר הַבְּרָכוֹת, כַּכָּתוּב:

וְיִתֶּן־לְךָ הָאֱלֹהִים
למשך מאין סוף מוחין ושפע

עתיק
מִטַּל הַשָּׁמַיִם
חכמה

נוק׳ דעתיק
וּמִשְׁמַנֵּי הָאָרֶץ
בינה

א״א ונוק׳
וְרֹב דָּגָן
דעת

אבא
וְתִירֹשׁ
חסד

אימא
יַעַבְדוּךָ עַמִּים
גבורה

ישסו״ת
וְיִשְׁתַּחֲווּ לְךָ לְאֻמִּים
תפארת

ז״א
הֱוֵה גְבִיר
נצח

נוק׳ דז״א
לְאַחֶיךָ
הוד

יעקב ורחל
וְיִשְׁתַּחֲווּ לְךָ בְּנֵי אִמֶּךָ
יסוד

שפע מהממלכות המתפשט בבי״ע

אֹרְרֶיךָ אָרוּר וּמְבָרְכֶיךָ בָּרוּךְ
מלכות

בֶּן אִישׁ חַי שָׁנָה שְׁנִיָּה, פָּרָשַׁת וַיֵּרָא אוֹת י"ג - כְּשֶׁיִּטֹּל יָדָיו לִסְעוּדָה יִקַּח הַכְּלִי בְּיָדוֹ הַיְּמָנִית וְיִתְּנֵהוּ לְיָדוֹ הַשְּׂמָאלִית, כְּדֵי לְהַכְנִיעַ הַשְּׂמָאלִית לְיָמִין. וְיִטֹּל מִן הַשְּׂמָאלִית עַל הַיָּמִין שָׁלוֹשׁ פְּעָמִים רְצוּפִים זֶה אַחַר זֶה, וְאַחַר כָּךְ יִטֹּל עַל הַשְּׂמָאלִית גַּם כֵּן שָׁלוֹשׁ פְּעָמִים רְצוּפִים בָּזֶה אַחַר זֶה, וְאַחַר כָּךְ יְשַׁפְשֵׁף יָדָיו זֶה בָּזֶה, שָׁלוֹשׁ פְּעָמִים רְצוּפִים לְיַד יָמִין וְשָׁלוֹשׁ פְּעָמִים רְצוּפִים לְיַד שְׂמָאל, וּכְנִזְכָּר בְּסִדּוּר רַבֵּנוּ הָרָשַׁ"שׁ ז"ל.

כַּוָּנָה זֹאת הִיא מִלְמַטָּה לְמַעְלָה:

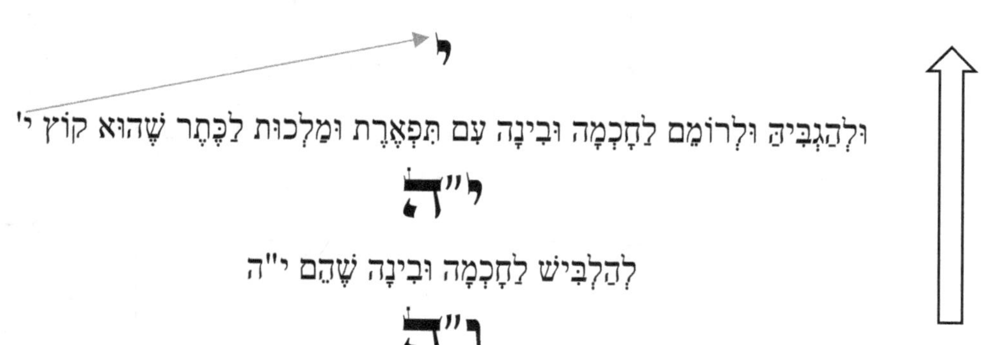

אַחַר כָּךְ יַגְבִּיהַּ יָדָיו עַד כְּנֶגֶד רֹאשׁוֹ, לַעֲלוֹת וּלְרוֹמֵם לְתִפְאֶרֶת וּמַלְכוּת שֶׁהֵם ו"ה דְּשַׁמָּא קַדִּישָׁא, וּלְיַחֲדָם יִחוּד שָׁלֵם, וּלְהַמְשִׁיךְ שֶׁפַע לְגוּפוֹ וּלְנִשְׁמָתוֹ וּלְקָשְׁרָם.

יִטֹּל יָדָיו וִיבָרֵךְ:

בָּרוּךְ אַתָּה יְהֹוָהֵיאהדונהי, אֱלֹהֵינוּ מֶלֶךְ הָעוֹלָם, אֲשֶׁר קִדְּשָׁנוּ בְּמִצְוֹתָיו, וְצִוָּנוּ עַל נְטִילַת יָדַיִם:

בֶּן אִישׁ חַי שָׁנָה שְׁנִיָּה, פָּרָשַׁת וַיֵּרָא אוֹת י"ט - אַחַר נְטִילַת יָדַיִם יַגְבִּיהַּ יָדָיו כְּנֶגֶד רֹאשׁוֹ וִיבָרֵךְ תֵּכֶף וּמִיָּד בְּעוֹד יָדָיו זְקוּפִים, כְּדֵי שֶׁלֹּא תִּהְיֶה הַגְבָּהַת יָדוֹ בְּרֵיקָנְיָא. וּבְעוֹד יָדָיו זְקוּפִים, יִפְשֹׁט יָדָיו שֶׁיֵּשׁ בָּהֶם עֶשֶׂר אֶצְבָּעוֹת, לְקַבֵּל שֶׁפַע וּבְרָכָה מֵעֲשֶׂר מִינֵי שֶׁפַע, וִיכַוֵּן לְהַמְשִׁיךְ מִמָּקוֹם עֶלְיוֹן מוֹחִין וְשֶׁפַע, וְהֵם עֲשֶׂר מִינֵי בְּרָכוֹת הַנִּזְכָּרִים בַּפָּסוּק: "וְיִתֶּן לְךָ הָאֱלֹהִים וְכוּ'" עַד "וּמְבָרְכֶיךָ בָּרוּךְ" וּכְנִזְכָּר בְּסִדּוּר רַבֵּנוּ הָרָשַׁ"שׁ ז"ל.

לְשׁוֹן חֲכָמִים א' א' - אַחֲרֵי זֶה יֵשֵׁב בִּמְקוֹמוֹ עַל הַשֻּׁלְחָן וְיַנִּיחַ שְׁתֵּי יָדָיו עַל הַפַּת, וִיבָרֵךְ בִּרְכַּת הַמּוֹצִיא בְּכַוָּנָה וְיִכְוֵֹין לְהַשְׁפִּיעַ מִכָּל הָעֶשֶׂר סְפִירוֹת שֶׁל הַמַּלְכוּת הַנִּקְרָאַת לֶחֶם וְיַדְגִּישׁ אוֹת ה' שֶׁל הַמּוֹצִיא כְּאִלּוּ יוֹצֵא עִמָּהּ אוֹת ה' אַחֶרֶת וּבְמִלַּת הַמּוֹצִיא יַגְבִּיהַּ שְׁתֵּי יָדָיו וְהַלֶּחֶם יִהְיֶה בֵּין שְׁתֵּי יָדָיו, וְדַע כִּי בְּשַׁבָּת אַף עַל פִּי שֶׁאוֹכֵל מוֹתָרוֹת הַרְבֵּה אֵינוֹ הוֹלֵךְ לַחִיצוֹנִים אֶלָּא הַכֹּל נִבְלַע בָּאֵבָרִים.

בֶּן אִישׁ חַי, שָׁנָה רִאשׁוֹנָה פָּרָשַׁת אֱמֹר ה' - יִתֵּן שְׁתֵּי יָדָיו עַל הַפַּת בִּשְׁעַת בְּרָכָה שֶׁיֵּשׁ בָּם עֶשֶׂר אֶצְבָּעוֹת כְּנֶגֶד עֶשֶׂר מִצְוֹת הַתְּלוּיוֹת בְּפַת, וְאֵלּוּ הֵם לֹא תַחֲרֹשׁ בְּשׁוֹר וַחֲמוֹר, וְשָׂדְךָ לֹא תִזְרַע כִּלְאַיִם, וְלֶקֶט וְשִׁכְחָה וּפֵאָה, וּבִכּוּרִים, וּתְרוּמָה, וּמַעֲשֵׂר רִאשׁוֹן, וּמַעֲשֵׂר שֵׁנִי, אוֹ מַעֲשֵׂר עָנִי, וְחַלָּה, וְגַם כְּנֶגֶד עֶשֶׂר מְלָאכוֹת שֶׁיֵּשׁ מִן הַחֲרִישָׁה עַד הָאֲפִיָּה כִּי בְּכָל מְלָאכָה נַעֲשָׂה בֵּרוּר נִיצוֹצֵי קְדֻשָּׁה כַּנּוֹדַע, לְכָךְ יֵשׁ עֲשָׂרָה תֵּבוֹת בְּבִרְכַּת הַמּוֹצִיא, וַעֲשָׂרָה תֵּבוֹת בַּפָּסוּק "עֵינֵי כֹל אֵלֶיךָ יְשַׂבֵּרוּ וְאַתָּה נוֹתֵן לָהֶם אֶת אָכְלָם בְּעִתּוֹ"

עֵינֵי כֹל אֵלֶיךָ יְשַׂבֵּרוּ וְאַתָּה נוֹתֵן לָהֶם אֶת אָכְלָם בְּעִתּוֹ

פּוֹתֵחַ אֶת יָדֶךָ

ר"ת **פא"י** שהוא **סא"ל** וס"ת **חת"ך**

יאהדונהי

לְהַמְשִׁיךְ שֶׁפַע וּמָזוֹן מֵחָכְמָה דז"א

וּמַשְׂבִּיעַ

פתח

גימ' שע"ח, מ"ה, ס"ה
יכווין להמשיך שפע משע"ח
בהורין דא"א למ"ה שהוא
ז"א ואדנ"י שהיא הנוק'.

ח' חיורתי
יוד הי ויו הי יוד הי ויו הי
ש"ע
אלף למד אלף למד
לז"א
יוד הא ואו הא
ולנוק'
אדנ"י

יוד הי ויו הי

ד' יודי"ן גימ' ת'

כ"ח אותיות   יוד ויו דלת, הי יוד, הי יוד ויו, הי יוד

חת"ך   חת"ך

לְכָל חַי רָצוֹן   ר"ת רזאל

גִּימַטְרִיָּא שְׁתֵּי פְּעָמִים דִּמְעָה, שֶׁהֵם כֹּחוֹת הַדִּין ש"ד וּפ"ר. לְהַמְשִׁיךְ הָאָרָה מֵרָצוֹן הָעֶלְיוֹן שֶׁהוּא יְסוֹד דְּאַבָּא, רְבוּעַ ע"ב, וִיסוֹד דְּאִמָּא אֲהִ"ה דְּיוּדִי"ן. לְהַמְתִּיק אֶת רָחֵל וּשְׁנֵי דְּמָעוֹת הַנִּזְכָּרִים

יסוד דאבא קפ"ד   יוד, יוד הי, יוד הי ויו, יוד הי ויו הי

יסוד דאימא קס"א   אלף הי יוד הי

רצון   רזאל

מ נ צ פ ך פ"ר

דין דין דין דין דין ש"ד

תָּרֵין דְּמָעִין

יְכַוֵּן לְהַמְשִׁיךְ מֵהָרָצוֹן הַנִּזְכָּר שֶׁפַע מָזוֹן וּבְרָכָה רַבָּה לְכָל הָעוֹלָמוֹת

בָּרוּךְ אַתָּה יְהוָֹהיאהדונהי, אֱלֹהֵינוּ מֶלֶךְ הָעוֹלָם,

הַ‑מּוֹצִיא

לֶחֶם

יהוה יהוה יהוה

מִן הָאָרֶץ

כַּזַּיִת   כַּבֵּיצָה

יהוה   אדנ"י

יאהדונהי

יְבַצַּע פְּרוּסָה שֶׁל כַּזַּיִת לְעַצְמוֹ, וְיִטְבֹּל אוֹתָהּ בְּמֶלַח שָׁלֹשׁ פְּעָמִים, וְיַכְוִין שָׁלֹשׁ פְּעָמִים הוי"ה שֶׁהֵם לֶחֶם, בְּשָׁלֹשׁ פְּעָמִים הוי"ה שֶׁהֵם מֶלַח וְיִטְעַם מִמֶּנָּה, וְאַחַר כָּךְ יְבַצַּע לְאִשְׁתּוֹ פְּרוּסָה שֶׁל כַּבֵּיצָה.

מלח   לחם

יהוה יהוה יהוה   יהוה יהוה יהוה

הַשְׁלֵךְ עַל יְהוָֹה יְהָבְךָ [ניקוד שם ע"ב יוד הי ויו הי] וְהוּא יְכַלְכְּלֶךָ לֹא יִתֵּן לְעוֹלָם מוֹט לַצַּדִּיק.

יְהָבְךָ [גימ' ל"ז מילוי שם ס"ג] וד' י או י

יכוון בשם יוד הי וו הה גימ' ז"ן, וכן בשם ס"ג יוד הי ואו הי

כַּוָּנוֹת הָאֲכִילָה

יְכַוֵּן בִּכְלָלוּתָהּ לְהַמְשִׁיךְ שֶׁפַע וּמָזוֹן מֵחִיצוֹנִיּוֹת או"א לזו"ן, וּלְהַמְשִׁיךְ שֶׁפַע מִיְצִירָה לַעֲשִׂיָה, וּלְבָרֵר הַטּוֹב שֶׁבַּמַּאֲכָל, וּלְבָרֵר נִיצוֹצוֹת הַקְּדוֹשָׁה הַמְעֹרָבִים בּוֹ עַל יְדֵי חֵטְא הָאָדָם הָרִאשׁוֹן. וְגַם לְתַקֵּן נִשְׁמַת חוֹטֵא שֶׁהִתְגַּלְגֵּל בְּמַאֲכָל זֶה, לְתַקְּנָם וּלְבָרְרָם עַל יְדֵי מַחֲשָׁבָה דְּאַבָּא.

כְּשֶׁלָּעוֹס וְיִטְחַן הַמַּאֲכָל בְּשִׁנָּיו יְכַוֵּן

אחור דאבא קפ"ד   **יוד', יוד' הֵי, יוד' הֵי וֵיו, יוד' הֵי וֵיו הֵי**

אחור דאימא קס"א   **יוד', יוד' הֵי, יוד' הֵי וֵאו, יוד' הֵי וֵאו הֵי**

קפ"ד קס"א גימ' 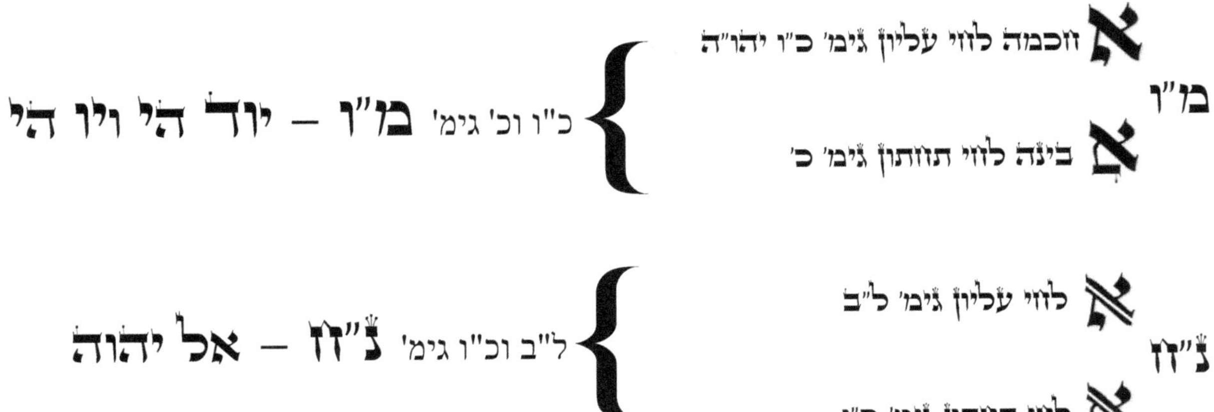 הַטּוֹחֶנֶת בְּחִיבּוּר או"א

גימ' ל"ב שיניים, י"ו עליונים י"ו תחתונים. סוד ל"ב נתיבות חכמה שעל ידיהם הבירור

זוכמה לזוי עליון גימ' כ"ו יהו"ה

מ"ו   כ"ו וכ' גימ' **מ"ו – יוד' הֵי וֵיו הֵי**

בינה לזוי תזותון גימ' כ'

לזוי עליון גימ' ל"ב

נ"זז   ל"ב וכ"ו גימ' **נ"זז – אֵל יֱהֹוִה**

לזוי תזותון גימ' כ"ו

יכוין לכלול חצי תחתון דאל"ף ראשונה עם חצי תחתון דאל"ף שניה

גימ' כ"ו חצאים תחתונים **יאֱהֹוִיהֹה** חכם בבינה

יכוין לכלול חצי עליון דאל"ף ראשונה עם חצי עליון דאל"ף שניה

גימ' ל"ב חצאים תחתונים **אֵיהֱהֹיֻהֹה** הבן בחכמה

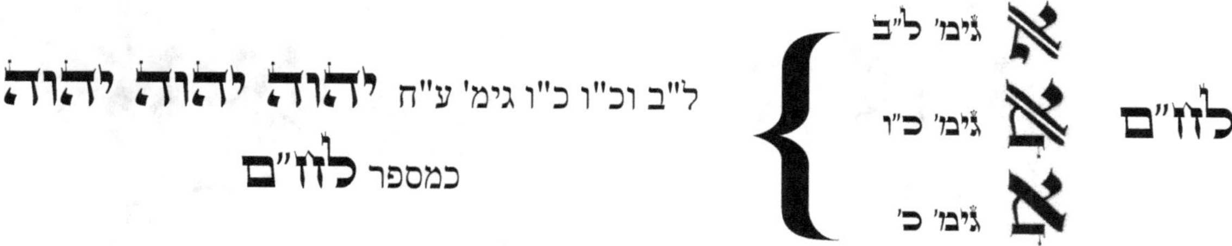

לזו"ם   אָ אָ אָ   ל"ב וכ"ו כ"ו גימ' ע"ח   יהוה יהוה יהוה

גימ' ל"ב   גימ' כ"ו   גימ' כ'

כמספר לזו"ם

מ"ו   אָ אָ   יוד הי ויו הי

ד"ק

נ"חז   אָ אָ   אל יהוה

פ"ד   אָ אָ אָ   אזזה"ע – זזנ'וך

יכוון כל הכוונות הנזכרים מ"ו נ"חז לזו"ם ד"ק פ"ד ויכון שהם ש"ע נהורין, שהם שני שמות א"ל מלאים.

בַּיּוֹם יְכַוֵּן **אֲכִילָה** גִּימַטְרִיָּא **אֶהְיֶה יוֹד הֵא וָאו הֵא** גִּימַטְרִיָּא **אֲדֹנָי** שֶׁהִיא עֲשִׂיָּה, וְיִכְלֹל מִדַּת לַיְלָה בַּיּוֹם.

בַּלַּיְלָה יְכַוֵּן **אוֹכֵל** גִּימַטְרִיָּא **א"ל יְהֹוָ"ה** שֶׁהִיא יְצִירָה, כְּדֵי לִכְלֹל מִדַּת יוֹם בַּלַּיְלָה.

בַּיּוֹם וּבַלַּיְלָה יְכַוֵּן **מַאֲכָל** גִּימ' **יְאַהֲדֹוָנֹהִי** שֶׁנִּכְלָלִים זֶה בָּזֶה.

יַעֲסֹק בַּתּוֹרָה עַל הַשֻּׁלְחָן, וְעַל יְדֵי הַלִּמּוּד שֶׁבְּתוֹךְ הַסְּעוּדָה, יְכַוֵּן לְבָרֵר נר"ן הַמְגֻלְגָּלִים, וְחֵלֶק הַנְּשָׁמוֹת שֶׁבְּנִיצוֹצוֹת הַמַּאֲכָל שֶׁנִּתְבָּרְרוּ עַל יְדֵי כַּוָּנַת הָאֲכִילָה. וְסֵדֶר הַלִּמּוּד אֲשֶׁר רָאוּי לִלְמֹד עַל הַשֻּׁלְחָן הוּא זֶה. וּתְחִלָּה וְרֹאשׁ יֹאמַר פְּסוּקִים אֵלּוּ הַכְּתוּבִים בְּסִדּוּר הָרָשָׁ"שׁ ז"ל.

לְהוֹדוֹת, לְהַלֵּל, לְשַׁבֵּחַ, לְפָאֵר, לְרוֹמֵם, לְהַדֵּר, לְנַצֵּחַ, עַל כָּל דִּבְרֵי דָוִד בֶּן יִשַׁי מְשִׁיחֶךָ: בַּעֲצָתְךָ תַנְחֵנִי וְאַחַר כָּבוֹד תִּקָּחֵנִי: וְהוּא רַזוּם | יְכַפֵּר עָוֹן וְלֹא־יַשְׁחִית וְהִרְבָּה לְהָשִׁיב אַפּוֹ וְלֹא־יָעִיר כָּל־חֲמָתוֹ: אַשְׁרֵי | הַגֶּבֶר אֲשֶׁר־תְּיַסְּרֶנּוּ יָּהּ וּמִתּוֹרָתְךָ תְלַמְּדֶנּוּ: וַאֲנִי | בְּחַסְדְּךָ בָטַחְתִּי יָגֵל לִבִּי בִּישׁוּעָתֶךָ אָשִׁירָה לַיהֹוָה כִּי גָמַל עָלָי: שׂוֹשׂ אָשִׂישׂ בַּיהֹוָה תָּגֵל נַפְשִׁי בֵּאלֹהַי כִּי הִלְבִּישַׁנִי בִּגְדֵי־יֶשַׁע מְעִיל צְדָקָה יְעָטָנִי כֶּחָתָן יְכַהֵן פְּאֵר וְכַכַּלָּה תַּעְדֶּה כֵלֶיהָ: וְיִבְטְחוּ בְךָ יוֹדְעֵי שְׁמֶךָ כִּי לֹא־עָזַבְתָּ דֹרְשֶׁיךָ יְהֹוָה: שִׂמְחוּ בַיהֹוָה וְגִילוּ צַדִּיקִים וְהַרְנִינוּ כָּל־יִשְׁרֵי־לֵב: נֵר־לְרַגְלִי דְבָרֶךָ וְאוֹר לִנְתִיבָתִי: אוֹדְךָ כִּי עֲנִיתָנִי וַתְּהִי־לִי לִישׁוּעָה:

לְשׁוֹן חֲכָמִים א' ב'
- אַחַר כָּךְ יֹאמַר הַיּוֹם יוֹם אֶחָד בְּשַׁבָּת קֹדֶשׁ הַשִּׁיר שֶׁהָיוּ הַלְוִיִּם אוֹמְרִים עַל הַדּוּכָן וְכוּ', וְכֵן בְּכָל יוֹם וְיוֹם יֹאמַר שִׁיר שֶׁל אוֹתוֹ יוֹם.

וְאַחַר כָּךְ הוֹשִׁיעֵנוּ..... וְקַבְּצֵנוּ מִן הַגּוֹיִם

מִזְמוֹר לְיוֹם רִאשׁוֹן:

הַיּוֹם יוֹם אֶחָד בְּשַׁבַּת קוֹדֶשׁ, הַשִּׁיר שֶׁהָיוּ הַלְוִיִּם אוֹמְרִים עַל הַדּוּכָן:

לְדָוִד מִזְמוֹר לַיהֹוָ‑אֱדֹנָי הָאָרֶץ וּמְלוֹאָהּ תֵּבֵל וְיֹשְׁבֵי בָהּ: כִּי־הוּא עַל־יַמִּים יְסָדָהּ וְעַל־נְהָרוֹת יְכוֹנְנֶהָ: מִי־יַעֲלֶה בְהַר יְהֹוָ‑אֱדֹנָי וּמִי־יָקוּם בִּמְקוֹם קָדְשׁוֹ: נְקִי כַפַּיִם וּבַר־לֵבָב אֲשֶׁר | לֹא־נָשָׂא לַשָּׁוְא נַפְשִׁי וְלֹא נִשְׁבַּע לְמִרְמָה: יִשָּׂא בְרָכָה מֵאֵת יְהֹוָה וּצְדָקָה מֵאֱלֹהֵי יִשְׁעוֹ: זֶה דּוֹר דֹּרְשָׁו מְבַקְשֵׁי פָנֶיךָ יַעֲקֹב סֶלָה: שְׂאוּ שְׁעָרִים | רָאשֵׁיכֶם וְהִנָּשְׂאוּ פִּתְחֵי עוֹלָם וְיָבוֹא מֶלֶךְ הַכָּבוֹד: מִי זֶה מֶלֶךְ הַכָּבוֹד יְהֹוָ‑אֱדֹנָי עִזּוּז וְגִבּוֹר יְהֹוָ‑אֱדֹנָי גִּבּוֹר מִלְחָמָה: שְׂאוּ שְׁעָרִים | רָאשֵׁיכֶם וּשְׂאוּ פִּתְחֵי עוֹלָם וְיָבֹא מֶלֶךְ הַכָּבוֹד: מִי הוּא זֶה מֶלֶךְ הַכָּבוֹד יְהֹוָ‑אֱדֹנָי צְבָאוֹת הוּא מֶלֶךְ הַכָּבוֹד סֶלָה:

הוֹשִׁיעֵנוּ | יְהֹוָ‑אֱדֹנָי אֱלֹהֵינוּ וְקַבְּצֵנוּ מִן־הַגּוֹיִם לְהֹדוֹת לְשֵׁם קָדְשֶׁךָ לְהִשְׁתַּבֵּחַ בִּתְהִלָּתֶךָ: בָּרוּךְ יְהֹוָ‑אֱדֹנָי אֱלֹהֵי יִשְׂרָאֵל | מִן־הָעוֹלָם וְעַד הָעוֹלָם וְאָמַר כָּל־הָעָם אָמֵן הַלְלוּיָהּ: בָּרוּךְ יְהֹוָ‑אֱדֹנָי | מִצִּיּוֹן שֹׁכֵן יְרוּשָׁלִָם הַלְלוּיָהּ: בָּרוּךְ | יְהֹוָ‑אֱדֹנָי אֱלֹהִים אֱלֹהֵי יִשְׂרָאֵל עֹשֵׂה נִפְלָאוֹת לְבַדּוֹ: וּבָרוּךְ | שֵׁם כְּבוֹדוֹ לְעוֹלָם וְיִמָּלֵא כְבוֹדוֹ אֶת־כָּל הָאָרֶץ אָמֵן | וְאָמֵן:

מִזְמוֹר לְיוֹם שֵׁנִי:

הַיּוֹם יוֹם שֵׁנִי בְּשַׁבַּת קוֹדֶשׁ, הַשִּׁיר שֶׁהָיוּ הַלְוִיִּם אוֹמְרִים עַל הַדּוּכָן:

שִׁיר מִזְמוֹר לִבְנֵי־קֹרַח: גָּדוֹל יְהֹוָהאדנילאהדונהי וּמְהֻלָּל מְאֹד בְּעִיר אֱלֹהֵינוּ הַר־קָדְשׁוֹ: יְפֵה נוֹף מְשׂוֹשׂ כָּל־הָאָרֶץ הַר־צִיּוֹן יַרְכְּתֵי צָפוֹן קִרְיַת מֶלֶךְ רָב: אֱלֹהִים בְּאַרְמְנוֹתֶיהָ נוֹדַע לְמִשְׂגָּב: כִּי־הִנֵּה הַמְּלָכִים נוֹעֲדוּ עָבְרוּ יַחְדָּו: הֵמָּה רָאוּ כֵּן תָּמָהוּ נִבְהֲלוּ נֶחְפָּזוּ: רְעָדָה אֲחָזָתַם שָׁם חִיל כַּיּוֹלֵדָה: בְּרוּחַ קָדִים תְּשַׁבֵּר אֳנִיּוֹת תַּרְשִׁישׁ: כַּאֲשֶׁר שָׁמַעְנוּ | כֵּן רָאִינוּ בְּעִיר־ יְהֹוָהאדנילאהדונהי צְבָאוֹת בְּעִיר אֱלֹהֵינוּ אֱלֹהִים יְכוֹנְנֶהָ עַד־עוֹלָם סֶלָה: דִּמִּינוּ אֱלֹהִים חַסְדֶּךָ בְּקֶרֶב הֵיכָלֶךָ: כְּשִׁמְךָ אֱלֹהִים כֵּן תְּהִלָּתְךָ עַל־קַצְוֵי־אֶרֶץ צֶדֶק מָלְאָה יְמִינֶךָ: יִשְׂמַח | הַר־צִיּוֹן תָּגֵלְנָה בְּנוֹת יְהוּדָה לְמַעַן מִשְׁפָּטֶיךָ: סֹבּוּ צִיּוֹן וְהַקִּיפוּהָ סִפְרוּ מִגְדָּלֶיהָ: שִׁיתוּ לִבְּכֶם | לְחֵילָה פַּסְּגוּ אַרְמְנוֹתֶיהָ לְמַעַן תְּסַפְּרוּ לְדוֹר אַחֲרוֹן: כִּי זֶה | אֱלֹהִים אֱלֹהֵינוּ עוֹלָם וָעֶד הוּא יְנַהֲגֵנוּ עַל־מוּת:

הוֹשִׁיעֵנוּ | יְהֹוָהאדנילאהדונהי אֱלֹהֵינוּ וְקַבְּצֵנוּ מִן־הַגּוֹיִם לְהֹדוֹת לְשֵׁם קָדְשֶׁךָ לְהִשְׁתַּבֵּחַ בִּתְהִלָּתֶךָ: בָּרוּךְ יְהֹוָהאדנילאהדונהי אֱלֹהֵי יִשְׂרָאֵל מִן־הָעוֹלָם | וְעַד הָעוֹלָם וְאָמַר כָּל־הָעָם אָמֵן הַלְלוּיָהּ: בָּרוּךְ יְהֹוָהאדנילאהדונהי | מִצִּיּוֹן שֹׁכֵן יְרוּשָׁלָיִם הַלְלוּיָהּ: בָּרוּךְ | יְהֹוָהאדנילאהדונהי אֱלֹהִים אֱלֹהֵי יִשְׂרָאֵל עֹשֵׂה נִפְלָאוֹת לְבַדּוֹ: וּבָרוּךְ | שֵׁם כְּבוֹדוֹ לְעוֹלָם וְיִמָּלֵא כְבוֹדוֹ אֶת־כָּל־הָאָרֶץ אָמֵן | וְאָמֵן:

מִזְמוֹר לְיוֹם שְׁלִישִׁי

הַיּוֹם יוֹם שְׁלִישִׁי בְּשַׁבַּת קוֹדֶשׁ, הַשִּׁיר שֶׁהָיוּ הַלְוִיִּם אוֹמְרִים עַל הַדּוּכָן:

מִזְמוֹר לְאָסָף אֱלֹהִים נִצָּב בַּעֲדַת־אֵל בְּקֶרֶב אֱלֹהִים יִשְׁפֹּט: עַד־מָתַי תִּשְׁפְּטוּ־עָוֶל וּפְנֵי רְשָׁעִים תִּשְׂאוּ־סֶלָה: שִׁפְטוּ־דַל וְיָתוֹם עָנִי וָרָשׁ הַצְדִּיקוּ: פַּלְּטוּ־דַל וְאֶבְיוֹן מִיַּד רְשָׁעִים הַצִּילוּ: לֹא יָדְעוּ וְלֹא יָבִינוּ בַּחֲשֵׁכָה יִתְהַלָּכוּ יִמּוֹטוּ כָּל־מוֹסְדֵי אָרֶץ: אֲנִי־אָמַרְתִּי אֱלֹהִים אַתֶּם וּבְנֵי עֶלְיוֹן כֻּלְּכֶם: אָכֵן כְּאָדָם תְּמוּתוּן וּכְאַחַד הַשָּׂרִים תִּפֹּלוּ: קוּמָה אֱלֹהִים שָׁפְטָה הָאָרֶץ כִּי־אַתָּה תִנְחַל בְּכָל־הַגּוֹיִם:

הוֹשִׁיעֵנוּ יְהֹוָה אֱלֹהֵינוּ וְקַבְּצֵנוּ מִן־הַגּוֹיִם לְהֹדוֹת לְשֵׁם קָדְשֶׁךָ לְהִשְׁתַּבֵּחַ בִּתְהִלָּתֶךָ: בָּרוּךְ יְהֹוָה אֱלֹהֵי יִשְׂרָאֵל מִן־הָעוֹלָם וְעַד הָעוֹלָם וְאָמַר כָּל־הָעָם אָמֵן הַלְלוּיָהּ: בָּרוּךְ יְהֹוָה מִצִּיּוֹן שֹׁכֵן יְרוּשָׁלִָם הַלְלוּיָהּ: בָּרוּךְ יְהֹוָה אֱלֹהִים אֱלֹהֵי יִשְׂרָאֵל עֹשֵׂה נִפְלָאוֹת לְבַדּוֹ: וּבָרוּךְ שֵׁם כְּבוֹדוֹ לְעוֹלָם וְיִמָּלֵא כְבוֹדוֹ אֶת־כָּל הָאָרֶץ אָמֵן וְאָמֵן:

מִזְמוֹר לְיוֹם רְבִיעִי

הַיּוֹם יוֹם רְבִיעִי בְּשַׁבַּת קוֹדֶשׁ, הַשִּׁיר שֶׁהָיוּ הַלְוִיִּם אוֹמְרִים עַל הַדּוּכָן:

אֵל־נְקָמוֹת יְהֹוָאדֹנָי אֵל נְקָמוֹת הוֹפִיעַ: הִנָּשֵׂא שֹׁפֵט הָאָרֶץ הָשֵׁב גְּמוּל עַל־גֵּאִים: עַד־מָתַי רְשָׁעִים | יְהֹוָאדֹנָי עַד־מָתַי רְשָׁעִים יַעֲלֹזוּ: יַבִּיעוּ יְדַבְּרוּ עָתָק יִתְאַמְּרוּ כָּל־פֹּעֲלֵי אָוֶן: עַמְּךָ יְהֹוָה יְדַכְּאוּ וְנַחֲלָתְךָ יְעַנּוּ: אַלְמָנָה וְגֵר יַהֲרֹגוּ וִיתוֹמִים יְרַצֵּחוּ: וַיֹּאמְרוּ לֹא יִרְאֶה־יָּהּ וְלֹא־יָבִין אֱלֹהֵי יַעֲקֹב: בִּינוּ בֹּעֲרִים בָּעָם וּכְסִילִים מָתַי תַּשְׂכִּילוּ: הֲנֹטַע אֹזֶן הֲלֹא יִשְׁמָע אִם־יֹצֵר עַיִן הֲלֹא יַבִּיט: הֲיֹסֵר גּוֹיִם הֲלֹא יוֹכִיחַ הַמְלַמֵּד אָדָם דָּעַת: יְהֹוָאדֹנָי יֹדֵעַ מַחְשְׁבוֹת אָדָם כִּי־הֵמָּה הָבֶל: אַשְׁרֵי | הַגֶּבֶר אֲשֶׁר־תְּיַסְּרֶנּוּ יָּהּ וּמִתּוֹרָתְךָ תְלַמְּדֶנּוּ: לְהַשְׁקִיט לוֹ מִימֵי רָע עַד יִכָּרֶה לָרָשָׁע שָׁחַת: כִּי | לֹא־יִטֹּשׁ יְהֹוָאדֹנָי עַמּוֹ וְנַחֲלָתוֹ לֹא יַעֲזֹב: כִּי־עַד־צֶדֶק יָשׁוּב מִשְׁפָּט וְאַחֲרָיו כָּל־יִשְׁרֵי־לֵב: מִי־יָקוּם לִי עִם־מְרֵעִים מִי־יִתְיַצֵּב לִי עִם־פֹּעֲלֵי אָוֶן: לוּלֵי יְהֹוָאדֹנָי עֶזְרָתָה לִּי כִּמְעַט | שָׁכְנָה דוּמָה נַפְשִׁי: אִם־אָמַרְתִּי מָטָה רַגְלִי חַסְדְּךָ יְהֹוָאדֹנָי יִסְעָדֵנִי: בְּרֹב שַׂרְעַפַּי בְּקִרְבִּי תַּנְחוּמֶיךָ יְשַׁעַשְׁעוּ נַפְשִׁי: הַיְחָבְרְךָ כִּסֵּא הַוּוֹת יֹצֵר עָמָל עֲלֵי־חֹק: יָגוֹדּוּ עַל־נֶפֶשׁ צַדִּיק וְדָם נָקִי יַרְשִׁיעוּ: וַיְהִי יְהֹוָאדֹנָי לִי לְמִשְׂגָּב וֵאלֹהַי לְצוּר מַחְסִי: וַיָּשֶׁב עֲלֵיהֶם | אֶת־אוֹנָם וּבְרָעָתָם יַצְמִיתֵם יַצְמִיתֵם יְהֹוָאדֹנָי אֱלֹהֵינוּ:

הוֹשִׁיעֵנוּ | יְהֹוָאדֹנָי אֱלֹהֵינוּ וְקַבְּצֵנוּ מִן־הַגּוֹיִם לְהֹדוֹת לְשֵׁם קָדְשֶׁךָ לְהִשְׁתַּבֵּחַ בִּתְהִלָּתֶךָ: בָּרוּךְ יְהֹוָאדֹנָי אֱלֹהֵי יִשְׂרָאֵל מִן־הָעוֹלָם | וְעַד הָעוֹלָם וְאָמַר כָּל־הָעָם אָמֵן הַלְלוּיָהּ: בָּרוּךְ יְהֹוָאדֹנָי | מִצִּיּוֹן שֹׁכֵן יְרוּשָׁלָ͏ִם הַלְלוּיָהּ: בָּרוּךְ | יְהֹוָאדֹנָי אֱלֹהִים אֱלֹהֵי יִשְׂרָאֵל עֹשֵׂה נִפְלָאוֹת לְבַדּוֹ: וּבָרוּךְ | שֵׁם כְּבוֹדוֹ לְעוֹלָם וְיִמָּלֵא כְבוֹדוֹ אֶת־כָּל הָאָרֶץ אָמֵן | וְאָמֵן:

מִזְמוֹר לְיוֹם חֲמִישִׁי

הַיּוֹם יוֹם חֲמִישִׁי בְּשַׁבַּת קוֹדֶשׁ, הַשִּׁיר שֶׁהָיוּ הַלְוִיִּם אוֹמְרִים עַל הַדּוּכָן:

לַמְנַצֵּחַ | עַל־הַגִּתִּית לְאָסָף: הַרְנִינוּ לֵאלֹהִים עוּזֵּנוּ הָרִיעוּ לֵאלֹהֵי יַעֲקֹב: שְׂאוּ־זִמְרָה וּתְנוּ־תֹף כִּנּוֹר נָעִים עִם־נָבֶל: תִּקְעוּ בַחֹדֶשׁ שׁוֹפָר בַּכֶּסֶה לְיוֹם חַגֵּנוּ: כִּי חֹק לְיִשְׂרָאֵל הוּא מִשְׁפָּט לֵאלֹהֵי יַעֲקֹב: עֵדוּת | בִּיהוֹסֵף שָׂמוֹ בְּצֵאתוֹ עַל־אֶרֶץ מִצְרָיִם שְׂפַת לֹא־יָדַעְתִּי אֶשְׁמָע: הֲסִירוֹתִי מִסֵּבֶל שִׁכְמוֹ כַּפָּיו מִדּוּד תַּעֲבֹרְנָה: בַּצָּרָה קָרָאתָ וָאֲחַלְּצֶךָּ אֶעֶנְךָ בְּסֵתֶר רַעַם אֶבְחָנְךָ עַל־מֵי מְרִיבָה סֶלָה: שְׁמַע עַמִּי וְאָעִידָה בָּךְ יִשְׂרָאֵל אִם־תִּשְׁמַע־לִי: לֹא־יִהְיֶה בְךָ אֵל זָר וְלֹא תִשְׁתַּחֲוֶה לְאֵל נֵכָר: אָנֹכִי | יְהֹוָה אֱלֹהֶיךָ הַמַּעַלְךָ מֵאֶרֶץ מִצְרָיִם הַרְחֶב־פִּיךָ וַאֲמַלְאֵהוּ: וְלֹא־שָׁמַע עַמִּי לְקוֹלִי וְיִשְׂרָאֵל לֹא־אָבָה לִי: וָאֲשַׁלְּחֵהוּ בִּשְׁרִירוּת לִבָּם יֵלְכוּ בְּמוֹעֲצוֹתֵיהֶם: לוּ עַמִּי שֹׁמֵעַ לִי יִשְׂרָאֵל בִּדְרָכַי יְהַלֵּכוּ: כִּמְעַט אוֹיְבֵיהֶם אַכְנִיעַ וְעַל צָרֵיהֶם אָשִׁיב יָדִי: מְשַׂנְאֵי יְהֹוָה יְכַחֲשׁוּ־לוֹ וִיהִי עִתָּם לְעוֹלָם: וַיַּאֲכִילֵהוּ מֵחֵלֶב חִטָּה וּמִצּוּר דְּבַשׁ אַשְׂבִּיעֶךָ:

הוֹשִׁיעֵנוּ | יְהֹוָה אֱלֹהֵינוּ וְקַבְּצֵנוּ מִן־הַגּוֹיִם לְהֹדוֹת לְשֵׁם קָדְשֶׁךָ לְהִשְׁתַּבֵּחַ בִּתְהִלָּתֶךָ: בָּרוּךְ יְהֹוָה אֱלֹהֵי יִשְׂרָאֵל מִן־הָעוֹלָם | וְעַד הָעוֹלָם וְאָמַר כָּל־הָעָם אָמֵן הַלְלוּיָהּ: בָּרוּךְ יְהֹוָה | מִצִּיּוֹן שֹׁכֵן יְרוּשָׁלִָם הַלְלוּיָהּ: בָּרוּךְ | יְהֹוָה אֱלֹהִים אֱלֹהֵי יִשְׂרָאֵל עֹשֵׂה נִפְלָאוֹת לְבַדּוֹ: וּבָרוּךְ | שֵׁם כְּבוֹדוֹ לְעוֹלָם וְיִמָּלֵא כְבוֹדוֹ אֶת־כָּל הָאָרֶץ אָמֵן | וְאָמֵן:

מִזְמוֹר לְיוֹם הַשִּׁשִּׁי

הַיּוֹם יוֹם הַשִּׁשִּׁי בְּשַׁבַּת קוֹדֶשׁ, הַשִּׁיר שֶׁהָיוּ הַלְוִיִּם אוֹמְרִים עַל הַדּוּכָן:

יְהֹוָה(אדני־יאהדונהי) מָלָךְ גֵּאוּת לָבֵשׁ לָבֵשׁ יְהֹוָה(אדני־יאהדונהי) עֹז הִתְאַזָּר אַף־תִּכּוֹן תֵּבֵל בַּל־תִּמּוֹט: נָכוֹן כִּסְאֲךָ מֵאָז מֵעוֹלָם אָתָּה: נָשְׂאוּ נְהָרוֹת | יְהֹוָה(אדני־יאהדונהי) נָשְׂאוּ נְהָרוֹת קוֹלָם יִשְׂאוּ נְהָרוֹת דָּכְיָם: מִקֹּלוֹת | מַיִם רַבִּים אַדִּירִים מִשְׁבְּרֵי־יָם אַדִּיר בַּמָּרוֹם יְהֹוָה(אדני־יאהדונהי): עֵדֹתֶיךָ | נֶאֶמְנוּ מְאֹד לְבֵיתְךָ נַאֲוָה־קֹדֶשׁ יְהֹוָה(אדני־יאהדונהי) לְאֹרֶךְ יָמִים:

הוֹשִׁיעֵנוּ | יְהֹוָה(אדני־יאהדונהי) אֱלֹהֵינוּ וְקַבְּצֵנוּ מִן־הַגּוֹיִם, לְהֹדוֹת לְשֵׁם קָדְשֶׁךָ לְהִשְׁתַּבֵּחַ בִּתְהִלָּתֶךָ: בָּרוּךְ יְהֹוָה(אדני־יאהדונהי) אֱלֹהֵי יִשְׂרָאֵל מִן־הָעוֹלָם | וְעַד הָעוֹלָם וְאָמַר כָּל־הָעָם אָמֵן הַלְלוּיָהּ: בָּרוּךְ יְהֹוָה(אדני־יאהדונהי) | מִצִּיּוֹן שֹׁכֵן יְרוּשָׁלִָם הַלְלוּיָהּ: בָּרוּךְ | יְהֹוָה(אדני־יאהדונהי) אֱלֹהִים אֱלֹהֵי יִשְׂרָאֵל עֹשֵׂה נִפְלָאוֹת לְבַדּוֹ | וּבָרוּךְ | שֵׁם כְּבוֹדוֹ לְעוֹלָם וְיִמָּלֵא כְבוֹדוֹ אֶת־כָּל הָאָרֶץ אָמֵן | וְאָמֵן:

אֵין כֵּאלֹהֵינוּ, אֵין כַּאדוֹנֵנוּ, אֵין כְּמַלְכֵּנוּ, אֵין כְּמוֹשִׁיעֵנוּ: מִי כֵּאלֹהֵינוּ, מִי כַאדוֹנֵנוּ, מִי כְמַלְכֵּנוּ, מִי כְמוֹשִׁיעֵנוּ: נוֹדֶה לֵאלֹהֵינוּ, נוֹדֶה לַאדוֹנֵנוּ, נוֹדֶה לְמַלְכֵּנוּ, נוֹדֶה לְמוֹשִׁיעֵנוּ: בָּרוּךְ אֱלֹהֵינוּ, בָּרוּךְ אֲדוֹנֵנוּ, בָּרוּךְ מַלְכֵּנוּ, בָּרוּךְ מוֹשִׁיעֵנוּ: אַתָּה הוּא אֱלֹהֵינוּ, אַתָּה הוּא אֲדוֹנֵנוּ, אַתָּה הוּא מַלְכֵּנוּ, אַתָּה הוּא מוֹשִׁיעֵנוּ, אַתָּה תוֹשִׁיעֵנוּ. אַתָּה תָקוּם תְּרַחֵם צִיּוֹן, כִּי עֵת לְחֶנְנָהּ, כִּי בָא מוֹעֵד:

אַתָּה הוּא יְהֹוָה אֱלֹהֵינוּ שֶׁהִקְטִירוּ אֲבוֹתֵינוּ לְפָנֶיךָ אֶת קְטֹרֶת הַסַּמִּים בִּזְמַן שֶׁבֵּית הַמִּקְדָּשׁ קַיָּם, כַּאֲשֶׁר צִוִּיתָ אוֹתָם עַל יַד מֹשֶׁה נְבִיאָךְ כַּכָּתוּב בְּתוֹרָתֶךָ:

וַיֹּאמֶר יְהֹוָה אֶל־מֹשֶׁה קַח־לְךָ סַמִּים נָטָף | וּשְׁחֵלֶת וְחֶלְבְּנָה סַמִּים וּלְבֹנָה זַכָּה בַּד בְּבַד יִהְיֶה: וְעָשִׂיתָ אֹתָהּ קְטֹרֶת רֹקַח מַעֲשֵׂה רוֹקֵחַ מְמֻלָּח טָהוֹר קֹדֶשׁ: וְשָׁחַקְתָּ מִמֶּנָּה הָדֵק וְנָתַתָּה מִמֶּנָּה לִפְנֵי הָעֵדֻת בְּאֹהֶל מוֹעֵד אֲשֶׁר אִוָּעֵד לְךָ שָׁמָּה קֹדֶשׁ קָדָשִׁים תִּהְיֶה לָכֶם: וְנֶאֱמַר: וְהִקְטִיר עָלָיו אַהֲרֹן קְטֹרֶת סַמִּים בַּבֹּקֶר בַּבֹּקֶר בְּהֵיטִיבוֹ אֶת־הַנֵּרֹת יַקְטִירֶנָּה: וּבְהַעֲלֹת אַהֲרֹן אֶת־הַנֵּרֹת בֵּין הָעַרְבַּיִם יַקְטִירֶנָּה קְטֹרֶת תָּמִיד לִפְנֵי יְהֹוָה לְדֹרֹתֵיכֶם:

תָּנוּ רַבָּנָן, פִּטּוּם הַקְּטֹרֶת כֵּיצַד, שְׁלֹשׁ מֵאוֹת וְשִׁשִּׁים וּשְׁמוֹנָה מָנִים הָיוּ בָהּ, שְׁלֹשׁ מֵאוֹת וְשִׁשִּׁים וַחֲמִשָּׁה כְּמִנְיַן יְמוֹת הַחַמָּה מָנֶה בְּכָל יוֹם, מַחֲצִיתוֹ בַּבֹּקֶר וּמַחֲצִיתוֹ בָּעֶרֶב. וּשְׁלֹשָׁה מָנִים יְתֵרִים שֶׁמֵּהֶם מַכְנִיס כֹּהֵן גָּדוֹל וְנוֹטֵל מֵהֶם מְלֹא חָפְנָיו בְּיוֹם

הַכִּפּוּרִים, מַחֲזִירָן לְמַכְתֶּשֶׁת בְּעֶרֶב יוֹם הַכִּפּוּרִים כְּדֵי לְקַיֵּם מִצְוַת דַּקָּה מִן הַדַּקָּה וְאַחַד עָשָׂר סַמָּנִים הָיוּ בָהּ. וְאֵלּוּ הֵן:

טוב למנותם באצבעותיו:

א. הַצֳּרִי כתר, ב. וְהַצִּפּוֹרֶן יסוד ג. וְהַחֶלְבְּנָה מלכות ד. וְהַלְּבוֹנָה אור מקיף מִשְׁקַל שִׁבְעִים שִׁבְעִים מָנֶה. ה. מוֹר חסד ו. וּקְצִיעָה גבורה ז. וְשִׁבֹּלֶת נֵרְדְּ תפארת ח. וְכַרְכֹּם נצח מִשְׁקַל שִׁשָּׁה עָשָׂר שִׁשָּׁה עָשָׂר מָנֶה. ט. הַקֹּשְׁטְ חכמה שְׁנֵים עָשָׂר. י. קִלּוּפָה בינה שְׁלֹשָׁה. יא. קִנָּמוֹן הוד תִּשְׁעָה.

בּוֹרִית כַּרְשִׁינָה תִּשְׁעָה קַבִּין, יֵין קַפְרִיסִין סְאִין תְּלָת וְקַבִּין תְּלָתָא, וְאִם לֹא מָצָא יֵין קַפְרִיסִין, מֵבִיא חֲמַר חִיוָר עַתִּיק. מֶלַח סְדוֹמִית רוֹבַע, מַעֲלֶה עָשָׁן כָּל שֶׁהוּא. רַבִּי נָתָן הַבַּבְלִי אוֹמֵר: אַף כִּפַּת הַיַּרְדֵּן כָּל שֶׁהִיא, אִם נָתַן בָּהּ דְּבַשׁ פְּסָלָהּ, וְאִם חִסֵּר אַחַת מִכָּל סַמְמָנֶיהָ, חַיָּיב מִיתָה:

רַבָּן שִׁמְעוֹן בֶּן גַּמְלִיאֵל אוֹמֵר: הַצֳּרִי אֵינוֹ אֶלָּא שְׂרָף הַנּוֹטֵף מֵעֲצֵי הַקְּטָף. בּוֹרִית כַּרְשִׁינָה לָמָּה הִיא בָאָה, כְּדֵי לְשַׁפּוֹת בָּהּ אֶת הַצִּפּוֹרֶן, כְּדֵי שֶׁתְּהֵא נָאָה. יֵין קַפְרִיסִין לָמָּה הוּא בָא, כְּדֵי לִשְׁרוֹת בּוֹ אֶת הַצִּפּוֹרֶן, כְּדֵי שֶׁתְּהֵא עַזָּה. וַהֲלֹא מֵי רַגְלַיִם יָפִין לָהּ, אֶלָּא שֶׁאֵין מַכְנִיסִין מֵי רַגְלַיִם בַּמִּקְדָּשׁ מִפְּנֵי הַכָּבוֹד:

תַּנְיָא, רַבִּי נָתָן אוֹמֵר: כְּשֶׁהוּא שׁוֹחֵק, אוֹמֵר הָדֵק הֵיטֵב, הֵיטֵב הָדֵק, מִפְּנֵי שֶׁהַקּוֹל יָפֶה לַבְּשָׂמִים. פִּטְּמָהּ לַחֲצָאִין כְּשֵׁרָה: לִשְׁלִישׁ וְלִרְבִיעַ, לֹא שָׁמַעְנוּ. אָמַר רַבִּי יְהוּדָה: זֶה הַכְּלָל אִם כְּמִדָּתָהּ כְּשֵׁרָה לַחֲצָאִין, וְאִם חִסֵּר אַחַת מִכָּל סַמְמָנֶיהָ, חַיָּיב מִיתָה:

תָּנֵי בַּר קַפָּרָא: אַחַת לְשִׁשִּׁים אוֹ לְשִׁבְעִים שָׁנָה הָיְתָה בָּאָה שֶׁל שִׁירַיִם לַחֲצָאִין. וְעוֹד תָּנֵי בַּר קַפָּרָא: אִלּוּ הָיָה נוֹתֵן בָּהּ קוֹרְטוֹב שֶׁל דְּבַשׁ, אֵין אָדָם יָכוֹל לַעֲמוֹד מִפְּנֵי רֵיחָהּ. וְלָמָּה אֵין מְעָרְבִין בָּהּ דְּבַשׁ, מִפְּנֵי שֶׁהַתּוֹרָה אָמְרָה: כִּי כָל־שְׂאֹר וְכָל־דְּבַשׁ לֹא־תַקְטִירוּ מִמֶּנּוּ אִשֶּׁה לַיהוָֹה:

יְהוָֹה צְבָאוֹת עִמָּנוּ מִשְׂגָּב לָנוּ אֱלֹהֵי יַעֲקֹב סֶלָה:
יְהוָֹה צְבָאוֹת אַשְׁרֵי אָדָם בֹּטֵחַ בָּךְ:
יְהוָֹה הוֹשִׁיעָה הַמֶּלֶךְ יַעֲנֵנוּ בְיוֹם קָרְאֵנוּ:
וְעָרְבָה לַיהוָֹה מִנְחַת יְהוּדָה וִירוּשָׁלָיִם כִּימֵי עוֹלָם וּכְשָׁנִים קַדְמֹנִיּוֹת:

מִי שֶׁזָּכָה בַּקְּטֹרֶת, הָיָה נוֹטֵל אֶת הַבָּזָךְ מִתּוֹךְ הַכַּף וְנוֹתְנוֹ לְאוֹהֲבוֹ אוֹ לִקְרוֹבוֹ. נִתְפַּזֵּר מִמֶּנּוּ לְתוֹכוֹ, נוֹתְנוֹ לוֹ בְּחָפְנָיו. וּמְלַמְּדִים אוֹתוֹ, הֱוֵי זָהִיר שֶׁמָּא תַתְחִיל לְפָנֶיךָ, שֶׁלֹּא תִכָּוֶה. הִתְחִיל מְרַדֵּד וְיוֹצֵא. לֹא הָיָה הַמַּקְטִיר מַקְטִיר עַד שֶׁהַמְמֻנֶּה אוֹמֵר לוֹ, הַקְטֵר. אִם הָיָה כֹהֵן גָּדוֹל, הַמְמֻנֶּה אוֹמֵר, אִישִׁי כֹהֵן גָּדוֹל, הַקְטֵר. פָּרְשׁוּ הָעָם, וְהִקְטִיר וְהִשְׁתַּחֲוָה וְיָצָא:

אֵיזֶהוּ מְקוֹמָן שֶׁל זְבָחִים, קָדְשֵׁי קָדָשִׁים שְׁחִיטָתָן בַּצָּפוֹן, פַּר וְשָׂעִיר שֶׁל יוֹם הַכִּפּוּרִים שְׁחִיטָתָן בַּצָּפוֹן, וְקִבּוּל דָּמָן בִּכְלִי שָׁרֵת בַּצָּפוֹן, וְדָמָן טָעוּן הַזָּיָה עַל בֵּין הַבַּדִּים וְעַל הַפָּרֹכֶת וְעַל מִזְבַּח הַזָּהָב ◦ מַתָּנָה אַחַת מֵהֶן מְעַכֶּבֶת. שְׁיָרֵי הַדָּם הָיָה שׁוֹפֵךְ עַל יְסוֹד מַעֲרָבִי שֶׁל מִזְבֵּחַ הַחִיצוֹן. אִם לֹא נָתַן, לֹא עִכֵּב:

פָּרים הַנִּשְׂרָפִים וּשְׂעירים הַנִּשְׂרָפִים שֶׁזְּויטָתָן בַּצָפון, וְקִבּוּל דָּמָן בִּכְלֵי שָׁרֵת בַּצָפון, וְדָמָן טָעון הַזָיָה עַל הַפָּרֹכֶת וְעַל מִזְבַּח הַזָּהָב. מַתָּנָה אַחַת מֵהֶן מְעַכֶּבֶת. שְׁיָרֵי הַדָּם הָיָה שׁוֹפֵךְ עַל יְסוד מַעֲרָבִי שֶׁל מִזְבַּח הַחִיצון. אִם לֹא נָתַן, לֹא עִכֵּב. אֵלּוּ וְאֵלּוּ נִשְׂרָפִין בְּבֵית הַדֶּשֶׁן:

חַטֹּאת הַצִּבּוּר וְהַיָּחִיד. אֵלּוּ הֵן חַטֹּאת הַצִּבּוּר, שְׂעִירֵי רָאשֵׁי חֳדָשִׁים וְשֶׁל מוֹעֲדות, שֶׁזְּויטָתָן בַּצָפון, וְקִבּוּל דָּמָן בִּכְלֵי שָׁרֵת בַּצָפון, וְדָמָן טָעון אַרְבַּע מַתָּנות עַל אַרְבַּע קְרָנות, כֵּיצַד, עָלָה בַּכֶּבֶשׁ וּפָנָה לַסּוֹבֵב, וּבָא לו לְקֶרֶן דְּרומִית מִזְרָחִית, מִזְרָחִית צְפונִית, צְפונִית מַעֲרָבִית, מַעֲרָבִית דְּרומִית . שְׁיָרֵי הַדָּם הָיָה שׁוֹפֵךְ עַל יְסוד דְּרומִי, וְנֶאֱכָלִין לִפְנִים מִן הַקְּלָעִים לְזִכְרֵי כְהֻנָּה בְּכָל מַאֲכָל לְיום וָלַיְלָה עַד חֲצות:

הָעוֹלָה, קֹדֶשׁ קָדָשִׁים, שֶׁזְּויטָתָה בַּצָפון, וְקִבּוּל דָּמָה בִּכְלֵי שָׁרֵת בַּצָפון, וְדָמָה טָעון שְׁתֵּי מַתָּנות שֶׁהֵן אַרְבַּע, וּטְעוּנָה הֶפְשֵׁט וְנִתּוּחַ וְכָלִיל לָאִשִּׁים:

וְזִבְחֵי שַׁלְמֵי צִבּוּר וַאֲשָׁמות. אֵלּוּ הֵן אֲשָׁמות, אֲשַׁם גְּזֵלות, אֲשַׁם מְעִילות, אֲשָׁם שִׁפְחָה חֲרוּפָה, אֲשַׁם נָזִיר, אֲשַׁם מְצוֹרָע, אֲשָׁם תָּלוּי, שֶׁזְּויטָתָן בַּצָפון, וְקִבּוּל דָּמָן בִּכְלֵי שָׁרֵת בַּצָפון, וְדָמָן טָעון שְׁתֵּי מַתָּנות שֶׁהֵן אַרְבַּע, וְנֶאֱכָלִין לִפְנִים מִן הַקְּלָעִים לְזִכְרֵי כְהֻנָּה בְּכָל מַאֲכָל לְיום וָלַיְלָה עַד חֲצות:

הַתּוֹדָה וְאֵיל נָזִיר, קָדָשִׁים קַלִּים, שֶׁשְּׁחִיטָתָן בְּכָל מָקוֹם בָּעֲזָרָה, וְדָמָן טָעוּן שְׁתֵּי מַתָּנוֹת שֶׁהֵן אַרְבַּע, וְנֶאֱכָלִין בְּכָל הָעִיר, לְכָל אָדָם, בְּכָל מַאֲכָל, לְיוֹם וָלַיְלָה עַד חֲצוֹת. הַמּוּרָם מֵהֶם כַּיּוֹצֵא בָּהֶם, אֶלָּא שֶׁהַמּוּרָם נֶאֱכָל לַכֹּהֲנִים לִנְשֵׁיהֶם וְלִבְנֵיהֶם וּלְעַבְדֵיהֶם:

שְׁלָמִים, קָדָשִׁים קַלִּים, שֶׁשְּׁחִיטָתָן בְּכָל מָקוֹם בָּעֲזָרָה, וְדָמָן טָעוּן שְׁתֵּי מַתָּנוֹת שֶׁהֵן אַרְבַּע, וְנֶאֱכָלִין בְּכָל הָעִיר לְכָל אָדָם בְּכָל מַאֲכָל לִשְׁנֵי יָמִים וָלַיְלָה אֶחָד. הַמּוּרָם מֵהֶם כַּיּוֹצֵא בָּהֶם, אֶלָּא שֶׁהַמּוּרָם נֶאֱכָל לַכֹּהֲנִים, לִנְשֵׁיהֶם וְלִבְנֵיהֶם וּלְעַבְדֵיהֶם:

הַבְּכוֹר וְהַמַּעֲשֵׂר וְהַפֶּסַח, קָדָשִׁים קַלִּים, שֶׁשְּׁחִיטָתָן בְּכָל מָקוֹם בָּעֲזָרָה, וְדָמָן טָעוּן מַתָּנָה אֶחָת, וּבִלְבַד שֶׁיִּתֵּן כְּנֶגֶד הַיְסוֹד. שִׁנָּה בַּאֲכִילָתָן, הַבְּכוֹר נֶאֱכָל לַכֹּהֲנִים, וְהַמַּעֲשֵׂר לְכָל אָדָם, וְנֶאֱכָלִין בְּכָל הָעִיר לְכָל אָדָם בְּכָל מַאֲכָל לִשְׁנֵי יָמִים וָלַיְלָה אֶחָד. הַפֶּסַח אֵינוֹ נֶאֱכָל אֶלָּא בַלַּיְלָה, וְאֵינוֹ נֶאֱכָל אֶלָּא עַד חֲצוֹת, וְאֵינוֹ נֶאֱכָל אֶלָּא לִמְנוּיָו, וְאֵינוֹ נֶאֱכָל אֶלָּא צָלִי:

אֱלֹהֵינוּ וֵאלֹהֵי אֲבוֹתֵינוּ, מֶלֶךְ רַחֲמָן רַחֵם עָלֵינוּ, טוֹב וּמֵטִיב הִדָּרֶשׁ לָנוּ, שׁוּבָה עָלֵינוּ בַּהֲמוֹן רַחֲמֶיךָ, בִּגְלַל אָבוֹת שֶׁעָשׂוּ רְצוֹנֶךָ, בְּנֵה בֵיתְךָ כְּבַתְּחִלָּה, כּוֹנֵן בֵּית מִקְדָּשְׁךָ עַל מְכוֹנוֹ, הַרְאֵנוּ בְּבִנְיָנוֹ, שַׂמְּחֵנוּ בְּתִקּוּנוֹ, וְהָשֵׁב שְׁכִינָתְךָ לְתוֹכוֹ, וְהָשֵׁב כֹּהֲנִים לַעֲבוֹדָתָם, וּלְוִיִּם לְדוּכָנָם, לְשִׁירָם וּלְזִמְרָם, וְהָשֵׁב יִשְׂרָאֵל לִנְוֵיהֶם. וְשָׁם נַעֲלֶה וְנֵרָאֶה וְנִשְׁתַּחֲוֶה לְפָנֶיךָ בְּשָׁלֹשׁ פַּעֲמֵי

רַגְלֶיךָ בְּכָל שָׁנָה וְשָׁנָה, כַּכָּתוּב בַּתּוֹרָה שָׁלוֹשׁ פְּעָמִים | בַּשָּׁנָה יֵרָאֶה כָל־זְכוּרְךָ אֶת־פְּנֵי | יְהֹוָה אֱלֹהֶיךָ בַּמָּקוֹם אֲשֶׁר יִבְחָר בְּחַג הַמַּצּוֹת וּבְחַג הַשָּׁבֻעוֹת וּבְחַג הַסֻּכּוֹת וְלֹא יֵרָאֶה אֶת־פְּנֵי יְהֹוָה רֵיקָם: אִישׁ כְּמַתְּנַת יָדוֹ כְּבִרְכַּת יְהֹוָה אֱלֹהֶיךָ אֲשֶׁר נָתַן־לָךְ:

וְתִמְלֹךְ אַתָּה הוּא יְהֹוָה אֱלֹהֵינוּ מְהֵרָה עַל כָּל מַעֲשֶׂיךָ, בְּהַר צִיּוֹן מִשְׁכַּן כְּבוֹדֶךָ, וּבִירוּשָׁלַיִם עִיר מִקְדָּשֶׁךָ, כַּכָּתוּב בְּדִבְרֵי קָדְשֶׁךָ: יִמְלֹךְ יְהֹוָה לְעוֹלָם אֱלֹהַיִךְ צִיּוֹן לְדֹר וָדֹר הַלְלוּיָהּ: וִיהִי רָצוֹן מִלְּפָנֶיךָ יְהֹוָה אֱלֹהֵינוּ וֵאלֹהֵי אֲבוֹתֵינוּ שֶׁתִּשְׁכּוֹן בְּתוֹךְ יְרוּשָׁלַיִם עִירֶךָ וּבְנֵה אוֹתָהּ בִּנְיַן עוֹלָם בִּמְהֵרָה בְּיָמֵינוּ. וְקַיֵּם בָּנוּ מִקְרָא שֶׁכָּתוּב וַאֲנִי אֶהְיֶה־לָּהּ נְאֻם־יְהֹוָה חוֹמַת אֵשׁ סָבִיב וּלְכָבוֹד אֶהְיֶה בְתוֹכָהּ:

וְדַע כִּי כָל הַבַּקָּשׁוֹת הַנִּזְכָּרִים לְעֵיל הַמְיֻסָּדִים עַל כַּוָּנוֹת הָאֲכִילָה יֵשׁ לְאָמְרָם גַּם בְּשַׁבָּתוֹת וְיָמִים טוֹבִים, וְכֵן מְפֹרָשׁ בַּסֵּפֶר זִמְרַת הָאָרֶץ - לְהָרַב הֶחָסִיד אֲבִיגְדוֹר עֲזַרְיאֵל ז"ל, שֶׁהוֹכִיחַ כֵּן מִדִּבְרֵי רַבֵּנוּ הָאַ"י ז"ל בְּכָל מָקוֹם לְכַוֵּן כַּוָּנַת הָאֲכִילָה שֶׁל חֹל גַּם בְּשַׁבָּתוֹת וְיוֹם טוֹב, וְהֵעִיד שֶׁכֵּן הָיָה עוֹשֶׂה רַבֵּנוּ הָרַשָׁ"שׁ ז"ל וְכָל הַחֲבֵרִים שֶׁל חֲסִידֵי בֵּית אֵל יְכוּן בְּצֶדֶק, וְאַף עַל גַּב דְּאֵין בֵּרוּר בְּשַׁבָּת וְיוֹם טוֹב, הַיְינוּ מבִ"ע הַתַּחְתּוֹן שֶׁיֵּשׁ בָּהֶם תַּעֲרֹבֶת טוֹב וָרַע. אֲבָל בְּשַׁבָּתוֹת וְיוֹם טוֹב אֲנַחְנוּ מְבָרְרִים בָּעוֹלָם הָאֲצִילוּת עַצְמוֹ כִּי שָׁם עָלוּ בֵּירוּרֵי הַמְּלָכִים שֶׁבֵּרַרְנוּ בְּחֹל, וּבֵרוּר זֶה נִקְרָא אֹכֶל מִתּוֹךְ אֹכֶל דְּשָׁרֵי, עַיֵּן שָׁם.

אַחַר כָּךְ יֹאמַר לְשׁוֹנוֹת אֵלּוּ מְלֻקָּטִים מִזֹּהַר הַקָּדוֹשׁ מִכַּמָּה מְקוֹמוֹת, וְהֵם דְּבָרִים נִפְלָאִים וְנוֹרָאִים וְעוֹשִׂים רֹשֶׁם בָּעֵת וּבָעוֹנָה הַזֹּאת דָּבָר בְּעִתּוֹ מַה טּוֹב.

כְּתִיב - וְאָכַלְתָּ וְשָׂבָעְתָּ וּבֵרַכְתָּ אֶת־יְהֹוָה אֱלֹהֶיךָ, פִּקּוּדָא דָא לְבָרְכָא לֵהּ לְקֻדְשָׁא בְּרִיךְ הוּא עַל כָּל מָה דְּאָכִיל וְשָׁתֵי וְאִתְהֲנֵי בְּהַאי עָלְמָא בְּגִין דְּבִרְכָאן דִּבְרִיךְ בַּר נָשׁ לְקֻדְשָׁא בְּרִיךְ הוּא הוּא אָתֵי לְאַמְשָׁכָא חַיִּין מִמְּקוֹרָא דְּחַיֵּי לִשְׁמֵהּ דְּקֻדְשָׁא בְּרִיךְ הוּא, וּלְאַרְקָא עֲלֵיהּ מֵהַהוּא

בּוּשְׂוָזָא עִלָּאָה. וְאָתֵי לְאַמְשָׁכָא מִתַּמָּן לְכָל עָלְמָא, וְעַל דָּא כְּתִיב -
וְאָכַלְתָּ וְשָׂבַעְתָּ וּבֵרַכְתָּ אֶת־יְהֹוָה אֱלֹהֶיךָ, אִנּוּן בַּרְכָן אָרִיק בַּר נָשׁ בְּאִנּוּן
מִלִּין מֵהַהוּא מְקוֹרָא עִלָּאָה, וְאִתְבָּרְכָאן כָּל אִנּוּן דַּרְגִּין וּמְקוֹרִין
וְאִתְמַלְיָן לְאַרְקָא כָּל עָלְמִין, וְאִתְבָּרְכָן כֻּלְּהוּ כַּחֲדָא, וְעַל דָּא אִצְטָרֵךְ
בַּר נָשׁ לְשַׁוָּאָה רְעוּתֵיהּ בְּרָזָא דְבִרְכָאן, בְּגִין דְּיִתְבָּרְכוּן אַבָּהָן וּבְנִין כֹּלָּא
כַּחֲדָא, וּמַאן דִּבְרִיךְ לְקֻדְשָׁא בְּרִיךְ הוּא אִתְבָּרַךְ וְנָטִיל חֻלְקֵיהּ מֵאִנּוּן
בַּרְכָאן בְּקַדְמֵיתָא, כֵּיוָן דִּשְׁמָא דְקֻדְשָׁא בְּרִיךְ הוּא מִתְבָּרַךְ מִתַּמָּן נָזֵית
וְשָׁרָא עַל רֵישֵׁיהּ וְחוּלְקָא קַדְמָאָה, הֲדָא הוּא דִכְתִיב בְּכָל־הַמָּקוֹם אֲשֶׁר
אַזְכִּיר אֶת־שְׁמִי אָבוֹא אֵלֶיךָ וּבֵרַכְתִּיךָ, כֵּיוָן דְּהַהִיא בִּרְכָתָא אַתְיָא
וְשָׁרְיָא עַל רֵישֵׁיהּ. מִתַּמָּן אִתְפַּשַּׁט בְּכָל עָלְמָא, וְהָא כְּתִיב בְּרָכוֹת
לְרֹאשׁ צַדִּיק כֵּיוָן דְּהַאי דַּרְגָּא דְּצַדִּיק אִתְמַלְּיָיא, אָרִיק לְהַאי כַּלָּה וְזַקֵּל
תַּפּוּזִין קַדִּישִׁין, וּמִתַּמָּן נַגְדִּין וְאִתְמַשְׁכָאן לְתַתָּא:

בִּרְכָאן דְּלָאו אִנּוּן בִּצְלוֹתָא סָלְקִין מִתַּתָּא לְעֵלָּא, עַד דְּמָטוּ גּוֹ נְהוֹרָא
דְּלָא נָהִיר, וּמִתְעָרֵי בְּתַקְפָּא לְהַהוּא נְהוֹרָא דְלָא נָהִיר בְּהַהִיא בִּרְכָה,
וְסָלְקָא אִתְעָרוּ לְעֵלָּא עַד דְּמָטוּ לְכֻרְסְיָא עִלָּאָה מְקוֹרָא דְּכָל זַוְיַּין, וּכְדֵין
נָפְקֵי מֵהַהוּא מְקוֹרָא עִלָּאָה בִּרְכָאן אַחֲרָנִין וְאָעַרְעוּ אִלֵּין בְּאִלֵּן, וְנַשְׁקֵי
אִלֵּין לְאִלֵּן, וְאַתְאן וְשַׁרְיָין לְרֵישׁ צַדִּיק לְאַרְקָא לְתַתָּא, וְכַד נָזְתַן
אִתְבָּרְכָן אַבָּהָן וּבְנִין וְכָל שַׁרְגָּן דִּילְהוֹן, וְרָזָא דְּאִלֵּין בִּרְכָאן לְאִתְעָרָא
מֵעֵלָּא לְתַתָּא בְּרָזָא דָא:

בָּרוּךְ דָּא רָזָא דְּמִקוֹרָא עִלָּאָה מִכֹּלָּא, לְאַרְקָא וּלְאַמְשָׁכָא וּלְאַנְהָרָא
כָּל בּוּצִינִין, וְאִיהוּ בָּרוּךְ תָּדִיר דְּלָא פָּסְקִין מֵימוֹי. וּמִתַּמָּן שֵׁירוּתָא דְּאִקְרֵי
עָלְמָא דְאָתֵי, וּבָרוּךְ דָּא אִקְרֵי הָכָא בְּרָזָא דְּוֻזְכְמָתָא עִלָּאָה, דְּאַמְלֵי
לְהַהוּא אֲתַר בְּוֻזַד שְׁבִיל דַּקִּיק דְּאָעַל בֵּיהּ:

לְבָתַר שָׁארֵי לְאִתְגַּלְיָיא, דְּהָא הַאי בָּרוּךְ סָתִים אִיהוּ, וּבְגִין כָּךְ אִקְרֵי
בְּאָרְזֵי סָתִים בָּרוּךְ, מְקוֹרָא עִלָּאָה דְּלָא אִתְגַּלְיָיא. אַתָּה, שֵׁירוּתָא

לְאִתְגַּלְּיָא לְבַר, וּבְגִין כָּךְ אִקְרֵי אַתָּה. וּמַאן אִיהוּ. דָּא רָזָא דִּימִינָא, וְאִקְרֵי כֹּהֵן לְגַבֵּי הַהוּא אֲתַר. וְרָזָא דָּא – אַתָּה כֹהֵן לְעוֹלָם, מַאן כֹּהֵן לְהַהוּא עוֹלָם, אַתָּה. וְדָא אִיהוּ יְמִינָא עִלָּאָה, דְּהָא אִשְׁתְּכַח לְאִתְגַּלְּיָא:

יְהוָֹה – דָּא רָזָא דְּאֶמְצָעִיתָא. רָזָא דִּמְהֵימְנוּתָא בְּכָל סִטְרִין:

אֱלֹהֵינוּ – דָּא סִטְרָא דִשְׂמָאלָא, דְּכָלִיל בִּימִינָא, וִימִינָא בֵּיהּ, וְאִתְכְּלִילוּ דָּא בְּדָא, לְמֶהֱוֵי חַד. וְעַד הָכָא, אִתְקְשָׁרוּ בִּרְכָאן, דְּכֵיוָן דְּאִלֵּין אִתְבָּרְכָאן, כֻּלְּהוֹן דִּלְתַתָּא אִתְבָּרְכָאן:

לְבָתַר דְּאִינּוּן אִתְבָּרְכָאן, וְנָטְלֵי בִּרְכָאן לְגַרְמַיְיהוּ, אִתְהַדָּרוּ כֻּלְּכָן כַּחֲדָא לְהַהוּא מְקוֹרָא, דְּאִינּוּן לָא יַכְלִין לְאִתְהַדְּרָא לְגַבֵּי הַהוּא אֲתַר, עַד דְּאִתְבָּרְכָן. כֵּיוָן דְּאִתְבָּרְכָן בְּקַדְמִיתָא, אִתְהַדָּרוּ וְעָאלִין לְגַבֵּי הַהוּא אֲתַר, לְנַטְלָא בִּרְכָאן יְתִּירִין אַזְדַרְנִין, לְאַרְקָא לְתַתָּא. וְעַד דְּאִינּוּן אִתְבָּרְכָאן, לָא עָאלִין וְלָא תָאבִין לְגַבֵּיהּ. וְרָזָא דָּא – וְלֹא יֵרָאוּ פָנַי רֵיקָם:

כְּתִיב – זֶה הַשֻּׁלְחָן אֲשֶׁר לִפְנֵי יְהוָה. שֻׁלְחָן דְּמִלֵּי אוֹרַיְיתָא אִתְּמָרוּ עֲלֵיהּ, קוּדְשָׁא בְּרִיךְ הוּא נָטִיל הַהוּא שֻׁלְחָן, וְשַׁוֵּי לֵיהּ לְזוּוְלְקֵיהּ. וְלָא עוֹד, אֶלָּא [סורי"א] רַב מִמְּנָא, נָטִיל כָּל אִינּוּן מִלִּין, וְשַׁוֵּי דִּיוּקְנָא דְּהַהוּא שֻׁלְחָן קָמֵי קוּדְשָׁא בְּרִיךְ הוּא. וְכָל אִינּוּן מִלִּין דְּאוֹרַיְיתָא דְּאִתְּמָרוּ עֲלֵיהּ, סַלְקִין עַל הַהוּא פָּתוֹרָא, וְאִתְעַטָּר קָמֵי מַלְכָּא קַדִּישָׁא. מַשְׁמַע דִּכְתִיב זֶה הַשֻּׁלְחָן אֲשֶׁר לִפְנֵי יְהוָה דְּאִתְעַטָּר קָמֵי קוּדְשָׁא בְּרִיךְ הוּא. שֻׁלְחָן דְּבַר נָשׁ, קַיְּימָא לְדַכָּאָה לֵיהּ לְבַר נָשׁ, מִכָּל חוֹבוֹי. זַכָּאָה אִיהוּ, מַאן דְּאִלֵּין תְּרֵין קַיְּימִין עַל פָּתוֹרֵיהּ. מִלֵּי דְּאוֹרַיְיתָא. וְזוּוְלָקָא לְמִסְכְּנִין, מֵהַהוּא שֻׁלְחָן:

כַּד סַלְקִין הַהוּא פָּתוֹרָא מִקָּמֵיהּ דְּבַר נָשׁ, תְּרֵין מַלְאָכִין קַדִּישִׁין אוֹדְמָּנָן תַּמָּן, חַד מִימִינָא, וְחַד מִשְׂמָאלָא. חַד אָמַר דָּא אִיהוּ שֻׁלְחָן דְּמַלְכָּא קַדִּישָׁא, דְּפַלְגָּיָא קָא מְסַדֵּר קָמֵיהּ, מְסַדֵּר יְהֵא תָּדִיר פָּתוֹרָא דָּא,

בְּבִרְכָאן עִלָּאִין, וּמִשִׁזְוָא וּרְבוּ עִלָּאָה, קוּדְשָׁא בְּרִיךְ הוּא יִשְׁרֵי עֲלוֹי. וְזַד אָמַר, דָּא אִיהוּ שִׁלְזָן דְּמַלְכָּא קַדִּישָׁא, דְּפַלְגָנָא קָא מְסַדֵּר קָמֵיהּ, דָּא פָּתוֹרָא דִי עִלָּאֵי וְתַתָּאֵי יְבָרְכוּן לֵיהּ, מְסַדֵּר יְהֵא הַאי פָּתוֹרָא קָמֵי עַתִּיק יוֹמִין, בְּהַאי עָלְמָא, וּבְעָלְמָא דְּאָתֵי:

רַבִּי אַבָּא, כַּד הֲוָה סַלְקִין פָּתוֹרָא מִקַּמֵּיהּ, הֲוָה זָקֵף לֵיהּ, וַהֲוָה אָמַר סַלְקוּ הַאי פָּתוֹרָא בִּצְנִיעוּ, דְּלָא יְהֵא בְּכְסוּפָא קָמֵי שָׁלוֹזֵי מַלְכָּא. שִׁלְזָן דְּבַר נָשׁ זָכֵי לֵיהּ לְעָלְמָא דְּאָתֵי, וְזָכֵי לֵיהּ לִמְזוֹנָא דְּהַאי עָלְמָא, וְזָכֵי לֵיהּ לְאִשְׁתְּמוֹדְעָא לְטַב קָמֵי עַתִּיק יוֹמִין, וְזָכֵי לֵיהּ לְאִתּוֹסָפָא זֵילָא וּרְבוּ בַּאֲתַר דְּאִצְטְרִיךְ:

הַאי שִׁלְזָן קַיְמָא לְדַכְאָה לֵיהּ לְבַר נָשׁ מִכָּל זְוּבוֹי, כַּד סַלְקִין הַהוּא פָּתוֹרָא מִקַּמֵּי דְּבַר נָשׁ, תְּרֵין מַלְאָכִין קַדִּישִׁין אוֹדְמִן תַּמָּן זַד מִיַּמִינָא וְזַד מִשְׂמָאלָא, זַד אָמַר דָּא אִיהוּ שִׁלְזָן דְּמַלְכָּא קַדִּישָׁא, מְסַדֵּר יְהֵא תָּדִיר פָּתוֹרָא דָא בְּבִרְכָאן עִלָּאִין וּמִשִׁזְוָא וּרְבוּ עִלָּאָה קַדְּשָׁא בְּרִיךְ הוּא יִשְׁרֵי עֲלוֹי, וְזַד אָמַר דָּא אִיהוּ שִׁלְזָן דְּמַלְכָּא קַדִּישָׁא דָּא פָּתוֹרָא דִי עִלָּאֵי וְתַתָּאֵי יְבָרְכוּן לֵיהּ, מְסַדֵּר יְהֵא הַאי פָּתוֹרָא קָמֵי עַתִּיק יוֹמִין בְּהַאי עָלְמָא וּבְעָלְמָא דְּאָתֵי:

כְּתִיב – וּבֵרַכְתָּ אֶת יְהֹוָה אֱלֹהֶיךָ עַל הָאָרֶץ הַטּוֹבָה אֲשֶׁר נָתַן לָךְ. וְאַף עַל גַּב דְּהַשְׁתָּא לָאו אִיהוּ בְּקִיּוּמָא, בִּזְכוּתֵיהּ כָּל עָלְמָא אִתְּזַן, וּמְזוֹנָא וְסִפּוּקָא מִתַּמָּן נָפְקָא לְכֹלָּא, בְּכָל אֲתַר סִטְרָא דְּיִשׁוּבָא. וּבְגִין כָּךְ, אַף עַל גַּב דְּיִשְׂרָאֵל הַשְׁתָּא לְבַר מֵאַרְעָא קַדִּישָׁא, עִם כָּל דָּא מְזֵילָא וּזְכוּתָא דְאַרְעָא, אִשְׁתְּכַח מְזוֹנָא וְסִפּוּקָא לְכָל עָלְמָא. וְעַל דָּא כְּתִיב – וּבֵרַכְתָּ אֶת יְהֹוָה אֱלֹהֶיךָ עַל הָאָרֶץ הַטּוֹבָה אֲשֶׁר נָתַן לָךְ. עַל הָאָרֶץ הַטּוֹבָה וַדַּאי, דְּהָא בְּגִינָהּ מְזוֹנָא וְסִפּוּקָא אִשְׁתְּכַח בְּעָלְמָא. מָאן דְּאִתְעַדַּן עַל פָּתוֹרֵיהּ וּמִתְעַנַּג בְּאִינּוּן מֵיכְלִין, אִית לֵיהּ לְאַדְכְּרָא וּלְדַאֲגָא עַל קְדוּשָׁה דְּאַרְעָא קַדִּישָׁא, וְעַל הֵיכְלָא דְּמַלְכָּא דְּקָא אִתְחֲרִיב. וּבְגִין

הַהוּא עֲצִיבוּ דְּאִיהוּ קָא מִתְעַצֵּב עַל פָּתוֹרֵיהּ, בְּהַהוּא חֶדְוָה וּמְשַׁתְיָא דְּתַמָּן, קוּדְשָׁא בְּרִיךְ הוּא חֲשִׁיב עֲלֵיהּ כְּאִלּוּ בָּנָה בֵּיתֵיהּ, וּבָנָה כָּל אִינּוּן חֲרָבֵי דְּבֵי מַקְדְּשָׁא:

לְבָתַר דְּאָכִיל בַּר נָשׁ, וְאִתְעַנַּג, אִצְטְרִיךְ לְמֵיהַב חוּלָקָא דְּתִתְמְצֵית לְהַהוּא סִטְרָא. וּמַאן אִיהוּ. מַיִם אַחֲרוֹנִים. הַהוּא יֲהֲבָא דִּידָן, דְּאִצְטְרִיךְ לְמֵיהַב לְהַהוּא סִטְרָא, חוּלָקָא דְּאִצְטְרִיךְ לֵיהּ. וְעַל דָּא וַדַּאי אִינּוּן חֲוּבָה, חֲוּבָה אִינּוּן, וּבַאֲתַר דְּחֲוּבָה שַׁרְיָין. וְאִיהוּ חֲיּוּבָא עַל בַּר נָשׁ, לְמֵיהַב לֵיהּ חוּלָקָא דָּא. וְעַל דָּא לָא אִצְטְרִיךְ לְבָרְכָא כְּלַל, דְּהָא בְּרָכָה לָאו אִיהוּ בְּהַהוּא סִטְרָא:

כְּתִיב – וּבֵרַכְתָּ אֶת־יְהֹוָה אֱלֹהֶיךָ עַל־הָאָרֶץ הַטֹּבָה אֲשֶׁר נָתַן־לָךְ. מַאן דְּמִבָּרֵךְ לְקָדְשָׁא בְּרִיךְ הוּא מִגּוֹ שַׂבְעָא בָּעֵי לְכַוְּנָה לִבָּה וּלְשַׁוְּאָה רְעוּתֵיהּ בְּחֶדְוָה וְלָא יִשְׁתְּכַח עֲצִיב אֶלָּא יְבָרֵךְ בְּחֶדְוָה בְּרָזָא דָּא, וְיִשַּׁוֵּי לִבֵּיהּ וּרְעוּתֵיהּ לְמֵיהַב בְּרָכָה בְּרָזָא דְּאִצְטְרִיךְ, אַרְבַּע רְתִיכִין שַׁלְטִין בְּאַרְבַּע סִטְרִין וּמַשִׁרְיָין מֵהַהִיא בִּרְכְתָא דְּשַׂבְעָא, וּבְאִילֵן מִילִין דְּבָרוּךְ אַתָּה אִתְהֲנֵי וְאִתְרַבֵּי וְאִתְעַטַּר בֵּיהּ, וּמַאן דְּמִבָּרֵךְ אִצְטְרִיךְ רְעוּתָא בְּחֶדְוָה וּבְעֵינָא טָבָא, וְעַל דָּא כְּתִיב טוֹב־עַיִן הוּא יְבָרֵךְ, אַל תִּקְרֵי יְבָרֵךְ אֶלָּא יְבָרֵךְ הוּא בְּעֵינָא טָבָא בְּחֶדְוָה, דְּהָא מֵהַהִיא בִּרְכְתָא וּמֵהַהוּא חֵדּוּ – נָתַן מִלְּחֲמוֹ לַדָּל, אֲתַר דְּלֵית לֵיהּ מִגַּרְמֵיהּ כְּלוּם, אֲתַר דְּאִתְהֲנֵי מִכָּל סִטְרִין וְאִתְכְּלִיל מִכָּל סִטְרִין:

כְּתִיב – כּוֹס יְשׁוּעוֹת אֶשָּׂא דָּא כּוֹס שֶׁל בְּרָכָה. כּוֹס שֶׁל בְּרָכָה אִצְטְרִיךְ לְמֶהֱוֵי עַל חֲמֵשׁ אֶצְבְּעָן וְלָא יַתִּיר. כְּגַוְונָא דְּשׁוֹשַׁנָּה דְּיַתְבָא עַל חֲמֵשׁ עָלִין תַּקִּיפִין דּוּגְמָא דְּחֲמֵשׁ אֶצְבְּעָן. וְשׁוֹשַׁנָּה דָּא אִיהִי – כּוֹס שֶׁל בְּרָכָה. וְהָא חֲמֵשׁ עָלִין תַּקִּיפִין סֲחֲרָנִין לְשׁוֹשַׁנָּה, וְאִינּוּן חֲמֵשׁ אִקְרוּן יְשׁוּעוֹת, וְאִינּוּן חֲמֵשׁ תַּרְעִין וְעַל דָּא כְּתִיב – כּוֹס יְשׁוּעוֹת אֶשָּׂא דָּא כּוֹס שֶׁל בְּרָכָה:

כּוֹס שֶׁל בְּרָכָה, לָא הֲוֵי אֶלָּא בִּתְלָתָא. בְּגִין דְּהָא מֵרָזָא דִּתְלַת אֲבָהָן
קָא מִתְבָּרְכָא, וְעַל דָּא לָא אִצְטְרִיךְ כּוֹס אֶלָּא בִּתְלָתָא.

כּוֹס שֶׁל בְּרָכָה אִצְטְרִיךְ לְמֵיהַב לֵיהּ בִּימִינָא וּבִשְׂמָאלָא, וּלְקַבְּלָא לֵיהּ
בֵּין תַּרְוַויְיהוּ, בְּגִין דְּאִתְיְהִיב בֵּין יְמִינָא וּשְׂמָאלָא. וּלְבָתַר יִשְׁתְּבִיק לֵיהּ
בִּימִינָא, דְּהָא מִתַּמָּן אִתְבָּרְכָא.

כּוֹס שֶׁל בְּרָכָה אִצְטְרִיךְ לְאַשְׁגְּחָא בֵּיהּ בְּעֵינָא, בְּגִין דִּכְתִיב – עֵינֵי יְהוָה
אֱלֹהֶיךָ בָּהּ, וְלָא אִצְטְרִיךְ לְאִתְנָשֵׁי מֵעֵינָא, אֶלָּא לְאַשְׁגְּחָא בֵּיהּ.

כּוֹס שֶׁל בְּרָכָה, אִתְבְּרַךְ בְּהַהוּא בִּרְכָתָא, דְּקָא מְבָרֵךְ בַּר נָשׁ עֲלֵיהּ
לְקוּדְשָׁא בְּרִיךְ הוּא, בְּגִין דְּאִיהוּ רָזָא דִּמְהֵימְנוּתָא, וְאִצְטְרִיךְ לְנַטְרָא
לֵיהּ בִּנְטִירוּ עִלָּאָה, כְּמַאן דְּאִיהוּ חֲשִׁיבוּתָא דְמַלְכָּא, דְּהָא בְּגִינֵיהּ,
אִתְבָּרַךְ פָּתוֹרֵיהּ, בְּשַׁעֲתָא דְּבִרְכָתָא מְזוֹנָא, דְּהַהוּא בַּר נָשׁ מְבָרֵךְ:

בִּרְכַּת עַל הָאָרֶץ אִצְטְרִיךְ לְמִרְמֵי מַיָּא בְּזוֹמָרָא, בְּגִין דְּלֵית לְבָרְכָא
רָזֹם יְהוָה עַל יִשְׂרָאֵל עַמָּךְ בַּר בְּמַיָּא בְּגוֹ זוֹמָרָא, וּכְגַוְונָא דָּא עָבַד יַעֲקֹב
אֲבוּנָא, דְּמָשִׁיךְ הַהוּא יַיִן מֵרָזִיק וְסָזָיט לֵיהּ מֵעֲנָבִים דְּהַהוּא גֶּפֶן,
כִּדְכְתִיב – וַיָּבֵא לוֹ יַיִן וַיֵּשְׁתְּ, הָא הָכָא אִתְכְּלִיל עֵלָּא וְתַתָּא, וְעַל דָּא
אִרְזִיק מִלָּה וּמָשִׁיךְ לוֹ בְּמָשִׁיכוּ דִּתְרֵי תְּנוּעֵי וְהַיְינוּ לוֹ לֵיהּ לְתַתָּא לֵיהּ
לְעֵלָּא, וְאָמַר וַיָּבֵא לוֹ יַיִן דְּאַרְמֵי לֵיהּ מַיָּא בְּהַהוּא יַיִן, וְאִי לָאו דְּאִתְרְבֵי
בֵּיהּ מַיִם לָא יָכִיל לְמִסְבָּל. וּבְגִין כָּךְ אַמְשִׁיךְ לוֹ בִּתְרֵי טַעֲמֵי דְּהָא בִּתְרֵין
סִטְרִין אֲחִיד. וְהַהוּא יַיִן מוֹדְרְגָא לְדַרְגָּא, וְכֻלְּהוּ טַעֲמִין בֵּיהּ עַד
דְּיוֹסֵף צַדִּיקָא טָעִים לֵיהּ. דְּאִיהוּ דָּוִד נֶאֱמָן, הֲדָא הוּא דִּכְתִיב כֵּיּין הַטּוֹב
הוֹלֵךְ לְדוֹדִי לְמֵישָׁרִים. דְּאָתָא יַעֲקֹב וְאַרְמֵי בֵּיהּ מַיָּא דָּא הוּא יַיִן הַטּוֹב,
וְהָא כְתִיב – וּבַגֶּפֶן, הַהִיא דְּאִשְׁתְּמוֹדְעָא. הַהִיא דְּכָל קַדִּישִׁין טָעֲמוּ
זוֹמְרָא עַתִּיקָא, זוֹמְרָא טָבָא, זוֹמְרָא דְּיַעֲקֹב יָהִיב בֵּיהּ מַיָּא, עַד דְּכָל
אִינּוּן דְּיַדְעִין לְטַעֲמָא זוֹמְרָא, טָעֲמוּ לֵיהּ, וַהֲוָה טַב לְחֵזְוָא. וְהַהִיא גֶּפֶן,

כַּד מָטָא לְגַבָּה, אוֹשִיטַת תְּלָתָא שָׂרִיגִין, וְאִינּוּן תְּלַת דְּיוּקְנָא דַּאֲבָהָן, דְּאִתְקְדָּשַׁת בְּהוּ. וְלֵית קְדוּשָׁה אֶלָּא בְּיַיִן, וְלֵית בְּרָכְתָא אֶלָּא בְּיַיִן. בַּאֲתַר דְּחֶדְוָה שָׁארֵי. וְהִיא כְּפוֹרַזַת, כְּכַלָּה דְּאִתְקַשְׁטַת וְעָאלַת בִּרְזִיזְמוּ, בְּחֶדְוָה דְּהַהוּא יַיִן דְּאִתְעָרַב בְּמַיָּא. כְּדֵין עָלַּתָה נְצָה, סְלִיקַת רְזִיזְמוּ דִּילָה לְגַבֵּי דּוֹדָה, וְשָׁרִיאַת לְנַגְּנָא וּלְאַעֲלָא בִּרְזִיזְמוּ. וּכְדֵין, אִתְמַלְּיָין וְאִתְבַּשְּׁלָן אִינּוּן עֲנָבִין, רְכִיכָן, וּמַלְּיָין מֵהַהוּא חַמְרָא טָבָא עַתִּיקָא חַמְרָא דְּיַעֲקֹב אַרְמֵי בֵּיה מַיָּא. כְּתִיב – וְשַׂמְתִּיךָ לִפְנֵי יְהֹוָה אֱלֹהֶיךָ, דָּא אִיהוּ בְּכוֹס שֶׁל בְּרָכָה, כַּד בָּרִיךְ בַּר נָשׁ בְּכוֹס שֶׁל בְּרָכָה, אִצְטְרִיךְ לְמֶחֱדֵי וּלְאַחֲזָאָה חֶדְוָה וְלָא עֲצִיבוּ כְּלָל, כֵּיוָן דְּנָטִיל בַּר נָשׁ כּוֹס שֶׁל בְּרָכָה, קוּדְשָׁא בְּרִיךְ הוּא קָאִים עַל גַּבֵּיה, וְאִצְטְרִיךְ בַּר נָשׁ לְמֶעֱבַּד הַזְמָנָה בְּפוּמָא בְּקַדְמֵיתָא דְּכַד אַזְמִין בַּר נָשׁ לְבָרְכָא לְקֻדְשָׁא בְּרִיךְ הוּא, שְׁכִינְתָּא אִתַּתְקָנַת לְגַבֵּי עֵלָּא לְקַבְּלָא בִּרְכָאן, וְסִטְרָא אַחֲרָא אִתְכַּפְיָא וּבְגִין כָּךְ בָּעֵי הַזְמָנָה דְּפוּמָא:

וְאִצְטְרִיךְ לְבָרְכָא עַל הַכּוֹס בְּמוֹתַב תְּלָתָא, נְבָרֵךְ שֶׁאָכַלְנוּ מִשֶּׁלוֹ וּבְטוּבוֹ חָזִיינוּ, דָּא אִצְטְרִיךְ רְעוּתָא לְעֵלָּא לְגַבֵּי עַתִּיקָא דְּעַתִּיקִין וְעַל דָּא אִיהוּ בְּאָרְזֵי סָתִים. וְכֵיוָן דְּאָמַר וּבְטוּבוֹ חָזִיינוּ, הָדַר וְאָמַר – הַזָּן אֶת-הָעוֹלָם כֻּלּוֹ בְּטוּבוֹ בְּחֶסֶד, כִּדְכְתִיב – נֹתֵן לֶחֶם לְכָל-בָּשָׂר כִּי לְעוֹלָם חַסְדּוֹ. וְעַל דָּא הַזָּן אֶת הַכֹּל, דְּהָא חֶסֶד נָזֵית וְאִתְפַּשְּׁט לְתַתָּא וְזָן כֹּלָּא כַּחֲדָא. דָּא אִקְרֵי בִּרְכַּת יָמִין. שְׂמֹאל לָאו אִיהוּ בְּבִרְכַּת מְזוֹנָא. וּבְגִין כָּךְ שְׂמָאלָא לָא תְּסַיֵּיע לִימִינָא. לֵית כָּן לְאִתְעֲרָא שְׂמָאלָא כְּלָל. דְּהָא לֵית הָכָא שְׂמָאלָא, בְּגִין דְּלֵית חוּלְקָא לְסִטְרָא אַחֲרָא בִּמְזוֹנָא דְּיִשְׂרָאֵל. דְּהָא סִטְרָא אַחֲרָא יִתְעַר עֲמֵיה, וְהָא אִיהוּ זַבִּין בְּכֵרוּתֵיה וְחוּלְקֵיה לְיַעֲקֹב אֲבוּנָא. וְהָא אֲנָן יְהִיבְנָא לֵיה חוּלְקֵיה, לְהַהוּא מְקַטְרְגָא בְּיוֹהֲמָא דְּמַיִין בַּתְרָאִין. וְעַל דָּא לֵית לֵיה חוּלְקָא בַּהֲדָן. וְלֵית לֵיה לְעֵילָא כְּלוּם. וְעַל דָּא לָא יִתְקְרַב שְׂמָאלָא כְּלָל, בְּבִרְכַּת מְזוֹנָא.

דְּכֵיוָן דְּבָרִיךְ בַּר נָשׁ בִּרְכַּת יָמִין, אִצְטְרִיךְ לְדַבְּקָא אֶרֶץ הַחַיִּים בַּיָמִין, לְאִתְזָנָא מִתַּמָּן, וּלְפַרְנָסָא וּלְמֵיהַב מְזוֹנָא לְכֹלָּא, וְעַל דָּא תִנְיָינָא בִּרְכַּת הָאָרֶץ, וְאִצְטְרִיךְ לְאַדְכְּרָא בָּה בְּרִית וְתוֹרָה, דְּאִיהוּ תִּקּוּנָא דְּהַאי טוֹב. עַל הָאָרֶץ דָּא אִיהִי אֶרֶץ הַחַיִּים. וְעַל הַמָּזוֹן דָּא אִיהוּ חֶסֶד, הָא כְּלִילוּ דָּא בְּדָא בִּדְבֵיקוּתָא חֲדָא. אִתְפַּשְׁטוּתָא דְּטוֹב אִיהוּ הוֹדָאָה דְּאִקְרֵי חֶסֶד, וְדָא פְּשִׁיטוּ דְּטוֹב, דְּאִתְפַּשָּׁט בְּאֶרֶץ הַחַיִּים.

כֵּיוָן דְּמִתְבָּרְכָא הַאי אֶרֶץ הַחַיִּים מִסִּטְרָא דִּימִינָא, וּמְקַבֵּל מְזוֹנָא, כְּדֵין בָּעֵינָן רַחֲמִין עַל כֹּלָּא. רַחֵם יְיָ' אֱלֹהֵינוּ עַל יִשְׂרָאֵל עַמָּךְ וְעַל יְרוּשָׁלַיִם עִירָךְ, וְעַל הַר צִיּוֹן מִשְׁכַּן כְּבוֹדָךְ, דְּהָא מֵהַהוּא מְזוֹנָא וּסְפוּקָא דְּאֶרֶץ הַחַיִּים, נִזְכֵּי בָּהּ אֲנָן וּבֵי מַקְדְּשָׁא. דְּיִתְבְּנֵי בֵּי מַקְדְּשָׁא לְתַתָּא בְּאִינּוּן רַחֲמִים. בְּשַׁבָּת דְּלָא אִשְׁתְּכַח דִּינָא, לְמֶהֱוֵי נֵצַח וְהוֹד כְּלָל חֲסָדִים, אוֹמֵר רְצֵה וְהַחֲלִיצֵנוּ לְמֶהֱוֵי תַּרְוַויְיהוּ, חַסְדֵי דָוִד הַנֶּאֱמָנִים, וְעַל דָּא אַל תְּהִי צָרָה וְיָגוֹן   בְּיוֹם מְנוּחָתֵנוּ. דְּהָא רְצֵה וּמוֹדִים, אִינּוּן חַסְדֵי דָּוִד, וְשִׂים שָׁלוֹם דְּקָאָמְרַן בִּצְלוֹתָא, בְּבִרְכַּת עוֹשֶׂה שָׁלוֹם בִּמְרוֹמָיו הוּא בְּרַחֲמָיו יַעֲשֶׂה שָׁלוֹם עָלֵינוּ. הַטּוֹב וְהַמֵּטִיב, דְּכֹלָּא אָתֵי מִסִּטְרָא דִּימִינָא, וְלָא מִסְּטַר שְׂמָאלָא כְּלוּם. מַאן דְּנָטִיל כּוֹס שֶׁל בְּרָכָה, וְקָא מְבָרֵךְ עָלֵיהּ, כְּתִיב – כּוֹס יְשׁוּעוֹת אֶשָּׂא. מַאן יְשׁוּעוֹת דָּא יְמִינָא, דְּאִיהוּ מוֹשִׁיעַ מִכָּל מְקַטְרְגִין דְּעָלְמָא, דִּכְתִיב – וַתּוֹשַׁע לוֹ יְמִינוֹ, וּכְתִיב – הוֹשִׁיעָה יְמִינְךָ וַעֲנֵנִי:

אַחַר כָּךְ יֹאמַר מִשְׁנָה זוֹ:

מִי שֶׁזָּכָה בַּקְּטֹרֶת, הָיָה נוֹטֵל אֶת הַבָּזָךְ מִתּוֹךְ הַכַּף וְנוֹתְנוֹ לְאוֹהֲבוֹ אוֹ לִקְרוֹבוֹ. נִתְפַּזֵּר מִמֶּנּוּ לְתוֹכוֹ, נוֹתְנוֹ לוֹ בְּחָפְנָיו. וּמְלַמְּדִים אוֹתוֹ, הֱוֵי זָהִיר שֶׁמָּא תַתְחִיל לְפָנֶיךָ, שֶׁלֹּא תִכָּוֶה. הִתְחִיל מְרַדֵּד וְיוֹצֵא. לֹא הָיָה הַמַּקְטִיר מַקְטִיר עַד שֶׁהַמְמֻנֶּה אוֹמֵר לוֹ, הַקְטֵר. אִם הָיָה כֹהֵן גָּדוֹל, הַמְמֻנֶּה אוֹמֵר, אִישִׁי כֹהֵן גָּדוֹל, הַקְטֵר. פָּרְשׁוּ הָעָם, וְהִקְטִיר וְהִשְׁתַּחֲוָה וְיָצָא:

קְטֹרֶת קָשִׁיר קָשִׁירוּ, נָהִיר נְהִירוּ וְאַעֲבַר זוֹהֲמָא. וד' אִתְחַבַּר בָּה, ה'
אִתְחַבַּר בּוֹ. ו' סָלִיק וְאִתְעַטָּר בָּה'. ה' אִתְנְהִיר בֵּי. וְכֹלָּא סָלִיק רְעוּתָא
לְאֵין סוֹף. וַהֲוֵי כֹלָּא קָשִׁירוּ חַד, וְאִתְעֲבִיד חַד קָשִׁירוּ, בְּרָזָא חֲדָא דְּאִיהוּ
קָשִׁירָא עִלָּאָה דְּכֹלָּא. מִכָּאן וּלְהָלְאָה, כֵּיוָן דְּכֹלָּא אִתְקַשָּׁרָא בְּהַאי
קָשִׁירָא, אִתְעַטָּר כֹּלָּא בְּרָזָא דְּאֵין סוֹף. וְרָזָא דִּשְׁמָא קַדִּישָׁא אִתְנְהִיר,
וְאִתְעַטָּר בְּכָל סִטְרִין, וְעָלְמִין כֻּלְּהוּ בְּחֶדְוָה. וְאִתְנְהִירוּ בּוּצִינִין וּמְזוֹנִין
וּבִרְכָאן אִשְׁתְּכָחוּ בְּכָל עָלְמִין, וְכֹלָּא בְּרָזָא דִּקְטֹרֶת.

אֵזֹד עֲשַׂר סַמְמָנֵי הַקְּטֹרֶת אֲשֶׁר הֵמָּה הַצֳּרִי וְהַצִּפֹּרֶן וְהַחֶלְבְּנָה וְהַלְּבוֹנָה
מֹר וּקְצִיעָה וְשִׁבֹּלֶת נֵרְדְּ וְכַרְכֹּם הַקּוֹשְׁטְ קִלוּפָה קִנָּמוֹן. הִנֵּה הֵנָּם אוֹתָם
אוֹתִיּוֹת זֻגֵּנוּ ה' מַלְכֵּנוּ הַשָּׁלוֹם הָעֲשֶׂר בְּרָכָה טוֹבָה וּרְצֵה צוּרִי קֹלֵּנוּ
וְהָקֵם נִפְלֵנוּ וְקָרֵב קֵץ הַפְּדוּת:

אֱלֹהֵינוּ וֵאלֹהֵי אֲבוֹתֵינוּ, מֶלֶךְ רַחֲמָן רַחֵם עָלֵינוּ, טוֹב וּמֵטִיב הִדָּרֶשׁ לָנוּ,
שׁוּבָה עָלֵינוּ בַּהֲמוֹן רַחֲמֶיךָ, בִּגְלַל אָבוֹת שֶׁעָשׂוּ רְצוֹנֶךָ, בְּנֵה בֵיתְךָ
כְּבַתְחִלָּה, כּוֹנֵן בֵּית מִקְדָּשְׁךָ עַל מְכוֹנוֹ, הַרְאֵנוּ בְּבִנְיָנוֹ, שַׂמְּחֵנוּ בְּתִקּוּנוֹ,
וְהָשֵׁב שְׁכִינָתְךָ לְתוֹכוֹ, וְהָשֵׁב כֹּהֲנִים לַעֲבוֹדָתָם, וּלְוִיִּם לְדוּכָנָם, לְשִׁירָם
וּלְזִמְרָם, וְהָשֵׁב יִשְׂרָאֵל לִנְוֵיהֶם. וְשָׁם נַעֲלֶה וְנֵרָאֶה וְנִשְׁתַּחֲוֶה לְפָנֶיךָ
בְּשָׁלֹשׁ פַּעֲמֵי רְגָלֵינוּ בְּכָל שָׁנָה וְשָׁנָה, כַּכָּתוּב בַּתּוֹרָה שָׁלוֹשׁ פְּעָמִים |
בַּשָּׁנָה יֵרָאֶה כָּל זְכוּרְךָ אֶת פְּנֵי | יְהֹוָה אֱלֹהֶיךָ בַּמָּקוֹם אֲשֶׁר יִבְחָר בְּחַג
הַמַּצּוֹת וּבְחַג הַשָּׁבֻעוֹת וּבְחַג הַסֻּכּוֹת וְלֹא יֵרָאֶה אֶת פְּנֵי יְהֹוָה רֵיקָם: אִישׁ
כְּמַתְּנַת יָדוֹ כְּבִרְכַּת יְהֹוָה אֱלֹהֶיךָ אֲשֶׁר נָתַן לָךְ:

וְתִמְלֹךְ אַתָּה הוּא יְהֹוָה אֱלֹהֵינוּ מְהֵרָה עַל כָּל מַעֲשֶׂיךָ, בְּהַר צִיּוֹן מִשְׁכַּן
כְּבוֹדֶךָ, וּבִירוּשָׁלַיִם עִיר מִקְדָּשֶׁךָ, כַּכָּתוּב בְּדִבְרֵי קָדְשֶׁךָ: יִמְלֹךְ יְהֹוָה |
לְעוֹלָם אֱלֹהַיִךְ צִיּוֹן לְדֹר וָדֹר הַלְלוּיָהּ: וִיהִי רָצוֹן מִלְּפָנֶיךָ יְהֹוָה אֱלֹהֵינוּ
וֵאלֹהֵי אֲבוֹתֵינוּ שֶׁתִּשְׁכּוֹן בְּתוֹךְ יְרוּשָׁלַיִם עִירֶךָ וּבְנֵה אוֹתָהּ בִּנְיַן עוֹלָם

בִּמְהֵרָה בְיָמֵינוּ. וְקַיֵּם בָּנוּ מִקְרָא שֶׁכָּתוּב וַאֲנִי אֶהְיֶה־לָּהּ נְאֻם־יְהֹוָה חוֹמַת אֵשׁ סָבִיב וּלְכָבוֹד אֶהְיֶה בְתוֹכָהּ:

זֶה הוּא סֵדֶר סְעוּדָה לְיִרְאֵי הוי"ה וּלְחֹשְׁבֵי שְׁמוֹ, וְאַשְׁרֵי הַזָּהִיר בּוֹ, וְאַל יָקוּץ הָאָדָם בְּרִבּוּי הַלִּמּוּד. כִּי לִמּוּד זֶה קַב וְנָקִי. וְיַחֲשֹׁב הָאָדָם כַּמָּה הוּא מַאֲרִיךְ עַל שֻׁלְחָנוֹ בַּאֲכִילָתוֹ שֶׁהוּא עֹנֶג הַגּוּף הַחֹמְרִי. וְסֵדֶר לִמּוּד זֶה מִתְּחִלָּה וְעַד סוֹף אִם הוּא בִּסְעוּדָה שֶׁל חֹל שֶׁהָאָדָם מְקַצֵּר הַזְּמַן עַל הַשֻּׁלְחָן, לֹא יַגִּיעַ שִׁעוּר זְמַן הַלִּמּוּד הַזֶּה כֻּלּוֹ לִשְׁלִישׁ וְלִרְבִיעַ מִשִּׁעוּר זְמַן אֲכִילָתוֹ. וְאִם הוּא בְּשַׁבָּת וְיוֹם טוֹב שֶׁהָאָדָם מַאֲרִיךְ הַרְבֵּה עַל שֻׁלְחָנוֹ. אֶפְשָׁר שֶׁלֹּא יַגִּיעַ לְשִׁעוּר מֵעֲשַׂר. וּכְלָל זֶה אָחוּז בְּיָדֶיךָ הֻרְגַּל עַל כָּל דָּבָר נַעֲשָׂה טֶבַע.

בֶּן אִישׁ חַי שָׁנָה רִאשׁוֹנָה בְּהַר בְּחֻקֹּתַי א' - צָרִיךְ לִזְכֹּר אֶת יְרוּשָׁלַיִם בִּזְמַן הַסְּעוּדָה:

לְשֵׁם יִזזוּד קֻדְשָׁא בְּרִיךְ הוּא וּשְׁכִינְתֵהּ

י א ה ה ו ה י

בְּדִזזִילוּ וּרְזזִימוּ   וּרְזזִימוּ וּדְזזִילוּ

יאההויהה   איההיוהה

לִיזַזְדָא

אוֹתִיּוֹת י"ה בְּאוֹתִיּוֹת ו"ה

בְּיזזוּדָא שְׁלִים

יהוה

בְּשֵׁם כָּל יִשְׂרָאֵל, לַאֲקָמָא שְׁכִינְתָּא מֵעַפְרָא וּלְעַלּוּיֵ שְׁכִינַת עֻזֵנוּ, הֲרֵינִי זוֹכֵר אֶת יְרוּשָׁלַיִם אֲשֶׁר חָרְבָה בַּעֲוֹנוֹתֵינוּ וַהֲרֵינִי מְצַפֶּה לְבִנְיָנָהּ שֶׁיִּבָּנֶה אוֹתָהּ הַקָּדוֹשׁ בָּרוּךְ הוּא בִּמְהֵרָה בְּיָמֵינוּ אָמֵן, וִיהִי רָצוֹן מִלְּפָנֶיךָ יְהוָה אֱלֹהֵינוּ וֵאלֹהֵי אֲבוֹתֵינוּ שֶׁתִּשְׁכֹּן בְּתוֹךְ יְרוּשָׁלַיִם עִירְךָ כַּאֲשֶׁר דִּבַּרְתָּ וְכִסֵּא דָוִד עַבְדְּךָ מְהֵרָה בְּתוֹכָהּ תָּכִין וּבְנֵה אוֹתָהּ בִּנְיַן עוֹלָם בִּמְהֵרָה בְּיָמֵינוּ, וְקַיֵּם בָּהּ מִקְרָא שֶׁכָּתוּב וַאֲנִי אֶהְיֶה לָּהּ נְאֻם יְהוָה חוֹמַת אֵשׁ סָבִיב וּלְכָבוֹד אֶהְיֶה בְּתוֹכָהּ:

בְּיוֹם שֶׁיֵּשׁ בּוֹ תַּחֲנוּן

עַל נַהֲרוֹת| בָּבֶל שָׁם יָשַׁבְנוּ גַּם בָּכִינוּ בְּזָכְרֵנוּ אֶת־צִיּוֹן: עַל עֲרָבִים בְּתוֹכָהּ תָּלִינוּ כִּנֹּרוֹתֵינוּ: כִּי שָׁם שְׁאֵלוּנוּ שׁוֹבֵינוּ דִּבְרֵי שִׁיר וְתוֹלָלֵינוּ שִׂמְחָה שִׁירוּ לָנוּ מִשִּׁיר צִיּוֹן: אֵיךְ נָשִׁיר אֶת שִׁיר יְהֹוָה עַל אַדְמַת נֵכָר: אִם־אֶשְׁכָּחֵךְ יְרוּשָׁלָיִם תִּשְׁכַּח יְמִינִי: תִּדְבַּק־לְשׁוֹנִי| לְחִכִּי אִם־לֹא אֶזְכְּרֵכִי אִם־לֹא אַעֲלֶה אֶת־יְרוּשָׁלַיִם עַל רֹאשׁ שִׂמְחָתִי: זְכֹר יְהֹוָה| לִבְנֵי אֱדוֹם אֵת יוֹם יְרוּשָׁלָיִם הָאֹמְרִים עָרוּ| עָרוּ עַד הַיְסוֹד בָּהּ: בַּת־בָּבֶל הַשְּׁדוּדָה אַשְׁרֵי שֶׁיְשַׁלֶּם־לָךְ אֶת־גְּמוּלֵךְ שֶׁגָּמַלְתְּ לָנוּ: אַשְׁרֵי| שֶׁיֹּאחֵז וְנִפֵּץ אֶת־עֹלָלַיִךְ אֶל־הַסָּלַע:

בְּיוֹם שֶׁאֵין בּוֹ תַּחֲנוּן

שִׁיר הַמַּעֲלוֹת בְּשׁוּב יְהֹוָה אֶת־שִׁיבַת צִיּוֹן הָיִינוּ כְּחֹלְמִים: אָז יִמָּלֵא שְׂחוֹק פִּינוּ וּלְשׁוֹנֵנוּ רִנָּה אָז יֹאמְרוּ בַגּוֹיִם הִגְדִּיל יְהֹוָה לַעֲשׂוֹת עִם־אֵלֶּה: הִגְדִּיל יְהֹוָה לַעֲשׂוֹת עִמָּנוּ הָיִינוּ שְׂמֵחִים: שׁוּבָה יְהֹוָה אֶת־שְׁבִיתֵנוּ כַּאֲפִיקִים בַּנֶּגֶב: הַזֹּרְעִים בְּדִמְעָה בְּרִנָּה יִקְצֹרוּ: הָלוֹךְ יֵלֵךְ| וּבָכֹה נֹשֵׂא מֶשֶׁךְ־הַזָּרַע בֹּא יָבֹא בְרִנָּה נֹשֵׂא אֲלֻמֹּתָיו:

אִם־אֶשְׁכָּחֵךְ יְרוּשָׁלָיִם תִּשְׁכַּח יְמִינִי: תִּדְבַּק־לְשׁוֹנִי| לְחִכִּי אִם־לֹא אֶזְכְּרֵכִי אִם־לֹא אַעֲלֶה אֶת־יְרוּשָׁלַיִם עַל רֹאשׁ שִׂמְחָתִי:

לִפְנֵי נְטִילַת מַיִם אַחֲרוֹנִים יֹאמַר:

יְהִי רָצוֹן שֶׁתִּתְגָּרֵשׁ הַסִּטְרָא אָחֳרָא בְּכֹחַ

שֵׁם אהי"ה דְּמִלּוּי דְּיוֹד"ן

אל"ף ה"י יו"ד ה"י   קס"א

וְשֵׁם אהי"ה דְּמִלּוּי אלפי"ן   קמ"ג

אל"ף ה"א יו"ד ה"א

שֶׁעוֹלֶה מִסְפָּרָם עִם שְׁמוֹנָה אוֹתִיּוֹת שָׁרְשֵׁיהֶם וּשְׁנֵי כּוֹלְלִים כְּמִסְפַּר שֵׁם:

אל"ף ה"י יו"ד ה"י   קס"א

אל"ף ה"א יו"ד ה"א   קמ"ג

ח' האותיות   אהיה אהיה

ב' השורשים   אהיה אהיה

שד"י   שד"י

וּבְכֹחַ זֶה תִּשְׁרֶה שְׁכִינָה עַל הַשֻּׁלְחָן

יְהִי רָצוֹן מִלְּפָנֶיךָ יְהֹוָה אֱלֹהֵינוּ וֵאלֹהֵי

אֲבוֹתֵינוּ שֶׁתָּקִים בִּי בִּרְכַּת עַבְדְּךָ יַעֲקֹב אָבִינוּ,

שֶׁבֵּרַךְ אֶת עַבְדְּךָ יוֹסֵף הַצַּדִּיק: מֵאֵל אָבִיךָ וְיַעְזְרֶךָּ

וְאֵת שַׁדַּי וִיבָרְכֶךָּ: וְהָיָה שַׁדַּי בְּצָרֶיךָ וְכֶסֶף תּוֹעֲפוֹת

לָךְ: כִּי־אָז עַל־שַׁדַּי תִּתְעַנָּג וַתִּשָּׂא אֶל־אֱלוֹהַּ פָּנֶיךָ:

תַּעְתִּיר אֵלָיו וְיִשְׁמָעֶךָּ וּנְדָרֶיךָ תְשַׁלֵּם: וְתִגְזַר־אֹמֶר

וְיָקָם לָךְ וְעַל־דְּרָכֶיךָ נָגַהּ אוֹר:

לְשֵׁם יִזוּד קָדְשָׁא בְּרִיךְ הוּא וּשְׁכִינְתֵּהּ

יָ אֲ הֲ דֲ וֲ נֲ הֲ יֲ

בְּדְזִילוֹ וּרְזִזִימוּ   וּרְזִזִימוּ וּדְזִזִילוֹ

יָאההֲיוֹהה   אִיהֲהֲיוֹהה

לְיַזְדָא

אוֹתִיוֹת י"ה בְּאוֹתִיוֹת ו"ה

בְּיִזוּדָא שְׁלִים

יהוה

בְּשֵׁם כָּל יִשְׂרָאֵל, לְאַקָמָא שְׁכִינְתָּא מֵעַפְרָא וּלְעַלּוֹי שְׁכִינַת עוּזֵנוּ, הֲרֵי אֲנַחְנוּ בָּאִים לְקַיֵּם מִצְוַת עֲשֵׂה דְּאוֹרַיְתָא לְבָרֵךְ בִּרְכַּת הַמָּזוֹן, כַּכָּתוּב בַּתּוֹרָה וְאָכַלְתָּ וְשָׂבָעְתָּ וּבֵרַכְתָּ אֶת־יְהוָה אֲדֹנָי־יָאֱהֲדֻוֹנָהִי אֱלֹהֶיךָ, לְתַקֵּן שֹׁרֶשׁ מִצְוָה זוֹ בְּמָקוֹם עֶלְיוֹן.

וִיהִי רָצוֹן מִלְפָנֶיךָ יְהוָה־יָאֱהֲדֻוֹנָהִי אֱלֹהֵינוּ וֵאלֹהֵי אֲבוֹתֵינוּ, שֶׁתִּהְיֶה חֲשׁוּבָה וּמְקֻבֶּלֶת וּרְצוּיָה לְפָנֶיךָ בְּרָכָה רִאשׁוֹנָה וּבְרָכָה שְׁנִיָּה וּבְרָכָה שְׁלִישִׁית אֲשֶׁר נְבָרֵךְ עַתָּה עַל הַמָּזוֹן. וְתִתֶּן לָנוּ כֹּחַ וִיכֹלֶת וְעֵזֶר וְסִיּוּעַ לְהַעֲלוֹת מִ"ן וּלְהַמְשִׁיךְ

אַרְבַּע מְזוֹנִין לְיִשְׂרָאֵל וְרָזֵל [הַגְּדוֹלָה]. וְגַם תִּהְיֶה חֲשׁוּבָה
וּמְקֻבֶּלֶת וּרְצוּיָה לְפָנֶךָ בְּרָכָה רְבִיעִית אֲשֶׁר נְבָרֵךְ עַתָּה.
וְתִתֵּן לָנוּ כֹּחַ וִיכֹלֶת וְעֵזֶר וְסִיּוּעַ לְהַעֲלוֹת מ"ן וּלְהַמְשִׁיךְ
אַרְבַּע מְזוֹנִין לְיַעֲקֹב וְרָזֵל, וְיַעֲלֶה לְפָנֶיךָ כְּאִלּוּ כִּוַּנּוּ בְּכָל
הַכַּוָּנוֹת הָרְאוּיוֹת לְכַוֵּן בְּאַרְבָּעָה בְּרָכוֹת אֵלּוּ שֶׁל הַמָּזוֹן.
וִיהִי | נֹעַם אֲדֹנָי אֱלֹהֵינוּ עָלֵינוּ וּמַעֲשֵׂה יָדֵינוּ כּוֹנְנָה עָלֵינוּ
וּמַעֲשֵׂה יָדֵינוּ כּוֹנְנֵהוּ: וִיהִי | נֹעַם אֲדֹנָי אֱלֹהֵינוּ עָלֵינוּ
וּמַעֲשֵׂה יָדֵינוּ כּוֹנְנָה עָלֵינוּ וּמַעֲשֵׂה יָדֵינוּ כּוֹנְנֵהוּ:

וּכְשֶׁיִּטֹּל מַיִם אַחֲרוֹנִים, יֹאמַר בְּפִיו שְׁלֹשָׁה מִלּוֹת אֵלּוּ:

מַיִם אַחֲרוֹנִים חוֹבָה

זֶה חֵלֶק אָדָם רָשָׁע מֵאֱלֹהִים

רָאשֵׁי תֵּבוֹת

אזח"ר

שׁויתי **יְהוָֹה** לנגדי

יאהדונהי   תמיד   אידהנויה

שִׁיר   מוֹר   תבמן   נו   נגי   צוזב   למנ

(תהלים ס"ז מסודר כצורת מנורה)

בְּאֶרֶץ תַּנְחֵם סֶלָה

אֲבָרְכָה אֶת יְהוָֹה־אֲדֹנָי בְּכָל עֵת תָּמִיד תְּהִלָּתוֹ בְּפִי: סוֹף דָּבָר
הַכֹּל נִשְׁמָע אֶת הָאֱלֹהִים יְרָא וְאֶת מִצְוֹתָיו שְׁמוֹר כִּי זֶה כָּל
הָאָדָם: תְּהִלַּת יְהוָֹה־אֲדֹנָי יְדַבֶּר פִּי וִיבָרֵךְ כָּל בָּשָׂר שֵׁם קָדְשׁוֹ
לְעוֹלָם וָעֶד: וַאֲנַחְנוּ נְבָרֵךְ יָהּ מֵעַתָּה וְעַד עוֹלָם הַלְלוּיָהּ:

וַיְדַבֵּר אֵלַי זֶה הַשֻּׁלְחָן אֲשֶׁר לִפְנֵי יְהֹוָה^{אהדונהי}

נ"הר

אם המסובים שלושה או יותר חייבים לזמן ככתוב כאן:

ויאמר המזמן: **הַב לַן וְנִבְרִיךְ לְמַלְכָּא עִלָּאָה קַדִּישָׁא:**

והמסובים עונים: **שָׁמַיִם:**

ואומר המזמן: **בִּרְשׁוּת מַלְכָּא עִלָּאָה קַדִּישָׁא וּבִרְשׁוּתְכֶם נְבָרֵךְ** [בעשרה

ויותר: **אֱלֹהֵינוּ] שֶׁאָכַלְנוּ מִשֶּׁלּוֹ:**

והמסובים עונים: **בָּרוּךְ** [בעשרה ויותר: **אֱלֹהֵינוּ] שֶׁאָכַלְנוּ מִשֶּׁלּוֹ וּבְטוּבוֹ חָיִינוּ:**

כַּוָּנַת מֵאָה בְּרָכוֹת **לְיוֹם חוֹל** קֹדֶם בִּרְכַּת הַמָּזוֹן

יְכַוֵּן לְשֵׁם **אֲדֹנָ"י** הָעוֹלֶה ס"ה

וּמִלּוּי הַמִּלּוּי שֶׁל שֵׁם אדנ"י הָעוֹלִים ד"ל אוֹתִיּוֹת

אלף למד פא, דלת למד תו [בְּרֹאשׁ חֹדֶשׁ תיו], **נון ואו נון, יוד ואו דלת**

ס"ה וד"ל בגימ' צ"ט עם **כולל** בגימ' **מֵאָה בְּרָכוֹת**

להמשיך מוח **חכמה** לנוקבא מילוי דמילוי דאות א' – **אלף למד פא**

חכמה דנוקבא
אלף למד פא

בָּרוּךְ אַתָּה יְהֹוָה אֱלֹהֵינוּ מֶלֶךְ הָעוֹלָם, הָאֵל הַזָּן אוֹתָנוּ וְאֶת הָעוֹלָם כֻּלּוֹ בְּטוּבוֹ, בְּחֵן בְּחֶסֶד בְּרֵיוַח וּבְרַחֲמִים רַבִּים, נֹתֵן לֶחֶם לְכָל בָּשָׂר. כִּי לְעוֹלָם חַסְדּוֹ: וּבְטוּבוֹ הַגָּדוֹל, תָּמִיד לֹא חָסַר לָנוּ, וְאַל יֶחְסַר לָנוּ מָזוֹן תָּמִיד לְעוֹלָם וָעֶד. כִּי הוּא אֵל זָן וּמְפַרְנֵס לַכֹּל, וְשֻׁלְחָנוּ עָרוּךְ לַכֹּל, וְהִתְקִין מִחְיָה וּמָזוֹן לְכָל בְּרִיּוֹתָיו אֲשֶׁר בָּרָא בְּרַחֲמָיו וּבְרוֹב חֲסָדָיו, כָּאָמוּר:

פוֹתֵחַ אֶת יָדֶךָ

ר"ת פא"י שהוא סא"ל וס"ת חת"ד

יאהדונהי

לְהַמְשִׁיךְ שֶׁפַע וּמָזוֹן מֵחָכְמָה דז"א

וּמַשְׂבִּיעַ

יוד הי ויו הי

ד' יודי"ן גימ' ת'   יוד ויו דלת, הי יוד, הי יוד ויו, הי יוד

כ"ח אותיות   חת"ד

חת"ד

לְכָל חַי רָצוֹן   ר"ת רזל

גימ' שְׁתֵּי פְּעָמִים דִּמְעָה שֶׁהֵם כּוֹחוֹת הַדִּין ש"ך ופ"ר. לְהַמְשִׁיךְ הֶאָרָה מֵרָצוֹן הָעֶלְיוֹן שֶׁהוּא יְסוֹד דְּאַבָּא, רִבּוּעַ ע"ב, וִיסוֹד דְּאִמָּא אהי"ה דיודי"ן. לְהַמְתִּיק אֶת רָחֵל וּשְׁתֵּי דְּמָעוֹת הַנִּזְכָּרִים

יוד, יוד הי, יוד הי ויו, יוד הי ויו הי

יסוד דאבא קפ"ד   אלף הי יוד הי

יסוד דאימא קס"א   רזל

רצון

מ נ צ פ ך פ"ר

דין דין דין דין דין דין ש"ך

תרין דמעין

יְכַוֵּן לְהַמְשִׁיךְ מֵהָרָצוֹן הַנִּזְכָּר שֶׁפַע מָזוֹן וּבְרָכָה רַבָּה לְכָל הָעוֹלָמוֹת

בָּרוּךְ אַתָּה יְהוָה אלהינו/יאהדונהי הַזָּן אֶת הַכֹּל

להמשיך מוח **בינה** לנוק' מילוי דמילוי דאות ד' – **דלת למד תו** [בְּראשׁ חֹדֶשׁ תָּיו]

בינה דנוקבא

דלת למד תו [בְּראשׁ חֹדֶשׁ תָּיו]

נוֹדֶה לְךָ יְהֹוָה (אדני יאהדונהי) אֱלֹהֵינוּ, עַל שֶׁהִנְחַלְתָּ לַאֲבוֹתֵינוּ אֶרֶץ חֶמְדָּה טוֹבָה וּרְחָבָה, בְּרִית וְתוֹרָה, חַיִּים וּמָזוֹן. עַל שֶׁהוֹצֵאתָנוּ מֵאֶרֶץ מִצְרַיִם, וּפְדִיתָנוּ מִבֵּית עֲבָדִים. וְעַל בְּרִיתְךָ שֶׁחָתַמְתָּ בִּבְשָׂרֵנוּ. וְעַל תּוֹרָתְךָ שֶׁלִּמַּדְתָּנוּ. וְעַל חֻקֵּי רְצוֹנֶךָ שֶׁהוֹדַעְתָּנוּ. וְעַל חַיִּים וּמָזוֹן שֶׁאַתָּה זָן וּמְפַרְנֵס אוֹתָנוּ:

בַּחֲנוּכָּה וּפוּרִים אוֹמְרִים כָּאן עַל הַנִּסִּים:
עַל הַנִּסִּים וְעַל הַפֻּרְקָן וְעַל הַגְּבוּרוֹת וְעַל הַתְּשׁוּעוֹת וְעַל הַנִּפְלָאוֹת וְעַל הַנֶּחָמוֹת שֶׁעָשִׂיתָ לַאֲבוֹתֵינוּ בַּיָּמִים הָהֵם בַּזְּמַן הַזֶּה:

בַּחֲנוּכָּה אוֹמְרִים: בִּימֵי מַתִּתְיָה בֶּן יוֹחָנָן כֹּהֵן גָּדוֹל חַשְׁמוֹנָאִי וּבָנָיו כְּשֶׁעָמְדָה מַלְכוּת יָוָן הָרְשָׁעָה עַל עַמְּךָ יִשְׂרָאֵל לְשַׁכְּחָם תּוֹרָתֶךָ וּלְהַעֲבִירָם מֵחֻקֵּי רְצוֹנֶךָ וְאַתָּה בְּרַחֲמֶיךָ הָרַבִּים עָמַדְתָּ לָהֶם בְּעֵת צָרָתָם רַבְתָּ אֶת רִיבָם דַּנְתָּ אֶת דִּינָם נָקַמְתָּ אֶת נִקְמָתָם מָסַרְתָּ גִבּוֹרִים בְּיַד חַלָּשִׁים וְרַבִּים בְּיַד מְעַטִּים וּטְמֵאִים בְּיַד טְהוֹרִים וּרְשָׁעִים בְּיַד צַדִּיקִים וְזֵדִים בְּיַד עוֹסְקֵי תוֹרָתֶךָ לְךָ עָשִׂיתָ שֵׁם גָּדוֹל וְקָדוֹשׁ בְּעוֹלָמֶךָ וּלְעַמְּךָ יִשְׂרָאֵל עָשִׂיתָ תְּשׁוּעָה גְדוֹלָה וּפֻרְקָן כְּהַיּוֹם הַזֶּה וְאַחַר כָּךְ בָּאוּ בָנֶיךָ לִדְבִיר בֵּיתֶךָ וּפִנּוּ אֶת הֵיכָלֶךָ וְטִהֲרוּ אֶת מִקְדָּשֶׁךָ וְהִדְלִיקוּ נֵרוֹת בְּחַצְרוֹת קָדְשֶׁךָ וְקָבְעוּ שְׁמוֹנַת יְמֵי חֲנֻכָּה אֵלּוּ בְּהַלֵּל גָּמוּר וּבְהוֹדָאָה, וְעָשִׂיתָ עִמָּהֶם נִסִּים וְנִפְלָאוֹת וְנוֹדֶה לְשִׁמְךָ הַגָּדוֹל סֶלָה:

בְּפוּרִים אוֹמְרִים: בִּימֵי מָרְדְּכַי וְאֶסְתֵּר בְּשׁוּשַׁן הַבִּירָה כְּשֶׁעָמַד עֲלֵיהֶם הָמָן הָרָשָׁע בִּקֵּשׁ לְהַשְׁמִיד לַהֲרוֹג וּלְאַבֵּד אֶת כָּל הַיְהוּדִים מִנַּעַר וְעַד זָקֵן טַף וְנָשִׁים בְּיוֹם אֶחָד בִּשְׁלֹשָׁה עָשָׂר לְחֹדֶשׁ שְׁנֵים עָשָׂר הוּא חֹדֶשׁ אֲדָר וּשְׁלָלָם לָבוֹז וְאַתָּה בְּרַחֲמֶיךָ הָרַבִּים הֵפַרְתָּ אֶת עֲצָתוֹ וְקִלְקַלְתָּ אֶת מַחֲשַׁבְתּוֹ וַהֲשֵׁבוֹתָ לּוֹ גְּמוּלוֹ בְּרֹאשׁוֹ וְתָלוּ אוֹתוֹ וְאֶת בָּנָיו עַל הָעֵץ וְעָשִׂיתָ עִמָּהֶם נִסִּים וְנִפְלָאוֹת וְנוֹדֶה לְשִׁמְךָ הַגָּדוֹל סֶלָה:

עַל הַכֹּל יְהֹוָ–אֲדֹנָי אֱלֹהֵינוּ אֲנַחְנוּ מוֹדִים לָךְ וּמְבָרְכִים אֶת שְׁמֶךָ כָּאָמוּר וְאָכַלְתָּ וְשָׂבָעְתָּ וּבֵרַכְתָּ אֶת:

כַּוָּנוֹת מְזִיגַת הַכּוֹס הַיַּיִן בַּמַּיִם

קוֹדֶם שֶׁיִּמְזֹג הַכּוֹס, וִכַוֵּן כִּי הוּא יַיִן זָ֖ז כְּמִסְפַּר ג' ווי"ן דַּשֵׁם ב"ן, וְעִם ב"ן עַצְמוֹ בְּגִמ' יַיִן כָּזֶה

ווו יוד הה וו הה

גַּם יְכַוֵּן לַחֲמִשָּׁה יָדוֹת דַּשֵׁם ב"ן שֶׁבַּגִמ' יי"ן כָּזֶה

וְיִמְזְגֵנוּ בְּתִשְׁעָה יוֹדִי"ן דֶּעסמ"ב כְּמִסְפַּר מֵי"ם

יוד ה' ולו ה'

יוד ה' ואו ה'

יוד הא ואו הא

יוד הה וו הה

יְֽהֹוָ֖האדניאהדונהי אֱלֹהֶיךָ עַל הָאָרֶץ הַטּוֹבָה אֲשֶׁר נָתַן לָךְ:

בָּרוּךְ אַתָּה יְֽהֹוָ֖האדניאהדונהי, עַל הָאָרֶץ וְעַל הַמָּזוֹן:

להמשיך מוח **חסדים דדעת** לנוקבא מילוי דמילוי דאות נ' – **נון ואו נון**

חסדים דנוקבא
נון ואו נון

רַחֵם יְהוָֹואֲדֹנָֹיֵאֱלֹהֵינוּ עָלֵינוּ וְעַל יִשְׂרָאֵל עַמֶּךָ. וְעַל יְרוּשָׁלַיִם עִירֶךָ. וְעַל הַר צִיּוֹן מִשְׁכַּן כְּבוֹדֶךָ וְעַל הֵיכָלֶךָ. וְעַל מְעוֹנֶךָ. וְעַל דְּבִירֶךָ. וְעַל הַבַּיִת הַגָּדוֹל וְהַקָּדוֹשׁ שֶׁנִּקְרָא שִׁמְךָ עָלָיו. אָבִינוּ רְעֵנוּ זוּנֵנוּ. פַּרְנְסֵנוּ כַלְכְּלֵנוּ. הַרְוִיחֵנוּ הַרְוַח לָנוּ מְהֵרָה מִכָּל צָרוֹתֵינוּ. וְנָא אַל תַּצְרִיכֵנוּ יְהוָֹואֲדֹנָֹיֵאֱלֹהֵינוּ לִידֵי מַתְּנוֹת בָּשָׂר וָדָם. וְלֹא לִידֵי הַלְוָאָתָם. אֶלָּא לְיָדְךָ הַמְּלֵאָה וְהָרְחָבָה. הָעֲשִׁירָה וְהַפְּתוּחָה. יְהִי רָצוֹן שֶׁלֹּא נֵבוֹשׁ בָּעוֹלָם הַזֶּה. וְלֹא נִכָּלֵם לָעוֹלָם הַבָּא. וּמַלְכוּת בֵּית דָּוִד

מְשֵׁיזִךְ תַּחֲזִירֶנָּה לִמְקוֹמָהּ בִּמְהֵרָה בְיָמֵינוּ:

בְּשַׁבָּת מוֹסִיפִים:

רְצֵה וְהַחֲלִיצֵנוּ יְהֹוָהאדֹנָיאהדונהי אֱלֹהֵינוּ בְּמִצְוֹתֶיךָ וּבְמִצְוַת יוֹם הַשְּׁבִיעִי. הַשַּׁבָּת הַגָּדוֹל וְהַקָּדוֹשׁ הַזֶּה כִּי יוֹם גָּדוֹל וְקָדוֹשׁ הוּא מִלְּפָנֶיךָ. נִשְׁבּוֹת בּוֹ וְנָנוּחַ בּוֹ וְנִתְעַנַּג בּוֹ כְּמִצְוַת חֻקֵּי רְצוֹנָךְ. וְאַל תְּהִי צָרָה וְיָגוֹן בְּיוֹם מְנוּחָתֵנוּ. וְהַרְאֵנוּ בְּנֶחָמַת צִיּוֹן בִּמְהֵרָה בְיָמֵינוּ. כִּי אַתָּה הוּא בַּעַל הַנֶּחָמוֹת וְהַגַּם שֶׁאָכַלְנוּ וְשָׁתִינוּ חָרְבַּן בֵּיתְךָ הַגָּדוֹל וְהַקָּדוֹשׁ לֹא שְׁכַחְנוּ. אַל תִּשְׁכָּחֵנוּ לָנֶצַח וְאַל תִּזְנָחֵנוּ לָעַד כִּי אֵל מֶלֶךְ גָּדוֹל וְקָדוֹשׁ אָתָּה:

בְּרֹאשׁ חֹדֶשׁ בְּיוֹם טוֹב וּבְחוֹל הַמּוֹעֵד מוֹסִיפִים:

אֱלֹהֵינוּ וֵאלֹהֵי אֲבוֹתֵינוּ, יַעֲלֶה וְיָבֹא, יַגִּיעַ יֵרָאֶה וְיֵרָצֶה, יִשָּׁמַע יִפָּקֵד וְיִזָּכֵר, זִכְרוֹנֵנוּ וְזִכְרוֹן אֲבוֹתֵינוּ, זִכְרוֹן יְרוּשָׁלַיִם עִירָךְ, וְזִכְרוֹן מָשִׁיחַ בֶּן דָּוִד עַבְדָּךְ, וְזִכְרוֹן כָּל עַמָּךְ בֵּית יִשְׂרָאֵל לְפָנֶיךָ, לִפְלֵטָה, לְטוֹבָה, לְחֵן, לְחֶסֶד וּלְרַחֲמִים לְחַיִּים טוֹבִים וּלְשָׁלוֹם

בְּיוֹם:

בְּרֹאשׁ חֹדֶשׁ:   רֹאשׁ חֹדֶשׁ הַזֶּה,

ר – א אל אלה אלהי אלהים

        חֹדֶשׁ

א – אלהים   אלף הי יוד הי

ע – אלף למד הי יוד מם   אלף הה יוד הה

שֵׁין. דָּלֶת יוֹד גימ' ראש חדש עם הכולל

בפסח: חַג הַמַּצּוֹת הַזֶּה, בְּיוֹם [ביום טוב מוסיפים: טוֹב] מִקְרָא קֹדֶשׁ הַזֶּה,

בשבועות: חַג הַשָּׁבוּעוֹת הַזֶּה, בְּיוֹם טוֹב מִקְרָא קֹדֶשׁ הַזֶּה,

בראש השנה: הַזִּכָּרוֹן הַזֶּה, בְּיוֹם טוֹב מִקְרָא קֹדֶשׁ הַזֶּה,

בסוכות: חַג הַסֻּכּוֹת הַזֶּה, בְּיוֹם [ביום טוב מוסיפים: טוֹב] מִקְרָא קֹדֶשׁ הַזֶּה,

בשמיני עצרת: שְׁמִינִי, חַג עֲצֶרֶת הַזֶּה, בְּיוֹם טוֹב מִקְרָא קֹדֶשׁ הַזֶּה,

לְרַחֵם בּוֹ עָלֵינוּ וּלְהוֹשִׁיעֵנוּ. זָכְרֵנוּ יְהֹוָה אֱלֹהֵינוּ בּוֹ לְטוֹבָה, וּפָקְדֵנוּ בוֹ לִבְרָכָה, וְהוֹשִׁיעֵנוּ בוֹ לְחַיִּים טוֹבִים, בִּדְבַר יְשׁוּעָה וְרַחֲמִים. חוּס וְחָנֵּנוּ, וַחֲמוֹל וְרַחֵם עָלֵינוּ, וְהוֹשִׁיעֵנוּ כִּי אֵלֶיךָ עֵינֵינוּ, כִּי אֵל מֶלֶךְ חַנּוּן וְרַחוּם אָתָּה.

וְתִבְנֶה יְרוּשָׁלַיִם עִירְךָ בִּמְהֵרָה בְיָמֵינוּ:

בָּרוּךְ אַתָּה יְהֹוָה

יום ג' ויום ד'	יום ב' ויום ה'	יום א' ויום ו'
יוד הה וו הה	יוד הא ואו הא	יוד הי ואו הי
אלף הה יוד הה	אלף הא יוד הא	אלף הי יוד הי
אל אדני	אל יהוה	אל שדי
שבעשיה	שביצירה	שבבריאה

יום ד' / יום ג'	יום ה' / יום ב'	יום ו' / יום א'
יום ד': לְקַבֵּל תּוֹסֶפֶת נֶפֶשׁ מִשַּׁבָּת הַבָּאָה	יום ה': לְקַבֵּל תּוֹסֶפֶת רוּחַ מִשַּׁבָּת הַבָּאָה	יום ו': לְקַבֵּל תּוֹסֶפֶת נְשָׁמָה מִשַּׁבָּת הַבָּאָה
יום ג': לְהַמְשִׁיךְ תּוֹסֶפֶת נֶפֶשׁ מִשַּׁבָּת שֶׁעָבְרָה	יום ב': לְהַמְשִׁיךְ תּוֹסֶפֶת רוּחַ מִשַּׁבָּת שֶׁעָבְרָה	יום א': לְהַמְשִׁיךְ תּוֹסֶפֶת נְשָׁמָה מִשַּׁבָּת שֶׁעָבְרָה

בּוֹנֵה יְרוּשָׁלַיִם [וְאוֹמֵר בְּלַחַשׁ] אָמֵן:

להמשיך מוח **גבורות דדעת** לנוקבא מילוי דמילוי דאות י' – **יוד ואו דלת**

גבורות דנוקבא
יוד ואו דלת

בָּרוּךְ אַתָּה יְהוָֹהאדניאהדונהי, אֱלֹהֵינוּ מֶלֶךְ הָעוֹלָם לָעַד, הָאֵל אָבִינוּ מַלְכֵּנוּ אַדִירֵנוּ. בּוֹרְאֵנוּ. גּוֹאֲלֵנוּ. קְדוֹשֵׁנוּ. קְדוֹשׁ יַעֲקֹב. רוֹעֵנוּ רוֹעֵה יִשְׂרָאֵל. הַמֶּלֶךְ הַטּוֹב וְהַמֵּטִיב   הַמַּמְתִּיקִים לִגְבוּרָה בְּרִדְתָּם   לַכֹּל   שֶׁהוּא הַיְסוֹד◆   הַחֲסָדִים שֶׁבְּכָל יוֹם וָיוֹם.

מיתוק באור ישר

הגבורות הנמתקות		חסדים הממתקים

הוּא יֱהֹוֶה הֵטִיב
חסד ההוד

מַמְתִּיק לָנוּ

יֱהֹוֶה
הגבורה שבחסד שבהוד דיסוד

הוּא יֱהֹוֶה מֵטִיב
חסד הנצח

מַמְתִּיק לָנוּ

יֱהֹוֶה
הגבורה שבחסד שבנצח דיסוד

הוּא וה יֵיטִיב
חסד הב"ש תפארת

מַמְתִּיק לָנוּ

וה
הב"ש גבורה דתפארת שבב"ש תפארת דיסוד

מיתוק באור חוזר

הגבורות הנמתקות		חסדים הממתקים

הוּא וה גְּמָלָנוּ
חסד הב"ש תפארת

מַמְתִּיק

יה
ש"ע גבורה דתפארת שבש"ע תפארת דיסוד

הוּא יְהֹוָה גּוֹמְלֵנוּ
חסד שבהוד

מַמְתִּיק

יְהֹוָה
גבורה דנצח שבגבורה דיסוד

הוּא יְהֹוָה יִגְמְלֵנוּ
חסד שבנצח

מַמְתִּיק

יֱהֹוֶה
גבורה דהוד שבחסד דיסוד

לָעַד יָזֶן וְיֶסֶד וְרַזְמַיִם וְרַיַוזז וְהַצָּלָה וְכָל טוֹב: יַעֲנוּ אָמֵן.

הָרַחֲמָן הוּא יִשְׁתַּבַּח עַל כִּסֵּא כְבוֹדוֹ:

הָרַחֲמָן הוּא יִשְׁתַּבַּח בַּשָּׁמַיִם וּבָאָרֶץ:

הָרַחֲמָן הוּא יִשְׁתַּבַּח בָּנוּ לְדוֹר דּוֹרִים:

הָרַחֲמָן הוּא קֶרֶן לְעַמּוֹ יָרִים:

הָרַחֲמָן הוּא יִתְפָּאַר בָּנוּ לְנֵצַח נְצָחִים:

הָרַחֲמָן הוּא יְפַרְנְסֵנוּ בְּכָבוֹד וְלֹא בְּבִזּוּי, בְּהֶתֵּר וְלֹא בְּאִסּוּר, בְּנַחַת וְלֹא בְּצַעַר:

הָרַחֲמָן הוּא יִתֵּן שָׁלוֹם בֵּינֵינוּ:

הָרַחֲמָן הוּא יִשְׁלַח בְּרָכָה רְוָחָה וְהַצְלָחָה בְּכָל מַעֲשֵׂה יָדֵינוּ:

הָרַחֲמָן הוּא יַצְלִיחַ אֶת דְּרָכֵינוּ:

הָרַחֲמָן הוּא יִשְׁבּוֹר עַל צַלּוֹת מְהֵרָה

מֵעַל צַוָּארֵנוּ:

הָרַחֲמָן הוּא יוֹלִיכֵנוּ מְהֵרָה קוֹמְמִיּוּת בְּאַרְצֵנוּ:

הָרַחֲמָן הוּא יִרְפָּאֵנוּ רְפוּאָה שְׁלֵמָה רְפוּאַת הַנֶּפֶשׁ וּרְפוּאַת הַגּוּף:

הָרַחֲמָן הוּא יִפְתַּח לָנוּ אֶת יָדוֹ הָרְחָבָה:

הָרַחֲמָן הוּא יְבָרֵךְ כָּל אֶחָד וְאֶחָד מִמֶּנּוּ בִּשְׁמוֹ הַגָּדוֹל כְּמוֹ שֶׁנִּתְבָּרְכוּ אֲבוֹתֵינוּ אַבְרָהָם יִצְחָק וְיַעֲקֹב בַּכֹּל מִכֹּל כֹּל. כֵּן יְבָרֵךְ אוֹתָנוּ יַחַד בְּרָכָה שְׁלֵמָה. וְכֵן יְהִי רָצוֹן וְנֹאמַר אָמֵן:

הָרַחֲמָן הוּא יִפְרוֹשׂ עָלֵינוּ סֻכַּת שְׁלוֹמוֹ:

בשבת: הָרַחֲמָן הוּא יַנְחִילֵנוּ עוֹלָם שֶׁכֻּלּוֹ שַׁבָּת וּמְנוּחָה לְחַיֵּי הָעוֹלָמִים:

בראש חודש: הָרַחֲמָן הוּא יְחַדֵּשׁ עָלֵינוּ אֶת הַחֹדֶשׁ הַזֶּה לְטוֹבָה וְלִבְרָכָה:

בראש השנה: הָרַחֲמָן הוּא יְחַדֵּשׁ עָלֵינוּ אֶת הַשָּׁנָה הַזֹּאת לְטוֹבָה

וְלִבְרָכָה:

בסוכות: הָרַחֲמָן הוּא יְזַכֵּנוּ לֵישֵׁב בְּסֻכַּת עוֹרוֹ שֶׁל לִוְיָתָן.

הָרַחֲמָן הוּא יַשְׁפִּיעַ עָלֵינוּ שֶׁפַע קְדֻשָׁה וְטָהֳרָה מִשִּׁבְעָה

אֻשְׁפִּיזִין עִלָּאִין קַדִּישִׁין, זְכוּתָם תְּהֵא מָגֵן וְצִנָּה עָלֵינוּ. הָרַחֲמָן

הוּא יָקִים לָנוּ אֶת סֻכַּת דָּוִד הַנּוֹפֶלֶת:

במועדים: הָרַחֲמָן הוּא יַגִּיעֵנוּ לַמּוֹעֲדִים אֲחֵרִים הַבָּאִים

לִקְרָאתֵנוּ לְשָׁלוֹם:

ביום טוב: הָרַחֲמָן הוּא יַנְחִילֵנוּ יוֹם שֶׁכֻּלּוֹ טוֹב:

הָרַחֲמָן

הוּא יִטַּע תּוֹרָתוֹ וְאַהֲבָתוֹ בְּלִבֵּנוּ וְתִהְיֶה יִרְאָתוֹ עַל פָּנֵינוּ לְבִלְתִּי נֶחֱטָא. וְיִהְיוּ כָּל מַעֲשֵׂינוּ לְשֵׁם שָׁמַיִם:

ברכת האורח: הָרַחֲמָן הוּא יְבָרֵךְ אֶת הַשֻּׁלְחָן הַזֶּה שֶׁאָכַלְנוּ עָלָיו, וִיסַדֵּר

בּוֹ כָּל מַעֲדַנֵּי עוֹלָם, וְיִהְיֶה כְּשֻׁלְחָנוֹ שֶׁל אַבְרָהָם אָבִינוּ עָלָיו

הַשָּׁלוֹם. כָּל רָעֵב מִמֶּנּוּ יֹאכַל, וְכָל צָמֵא מִמֶּנּוּ יִשְׁתֶּה, וְאַל יֶחְסַר

מִמֶּנּוּ כָּל טוֹב לָעַד וּלְעוֹלְמֵי עוֹלָמִים, אָמֵן. הָרַחֲמָן הוּא יְבָרֵךְ אֶת

בַּעַל הַבַּיִת הַזֶּה וּבַעַל הַסְּעֻדָּה הַזֹּאת, הוּא וּבָנָיו וְאִשְׁתּוֹ וְכָל אֲשֶׁר

לוֹ, בְּבָנִים שֶׁיִּחְיוּ וּבִנְכָסִים שֶׁיִּרְבּוּ. בָּרֵךְ יְהֹוָה חֵילוֹ וּפֹעַל יָדָיו

תִּרְצֶה, וְיִהְיוּ נְכָסָיו וּנְכָסֵינוּ מֻצְלָחִים וּקְרוֹבִים לָעִיר, וְאַל יִזְדַּקֵּק

לְפָנָיו וְלֹא לְפָנֵינוּ שׁוּם דְּבַר חֵטְא וְהִרְהוּר עָוֹן, שָׂשׂ וְשָׂמֵחַ כָּל הַיָּמִים

בְּעֹשֶׁר וְכָבוֹד מֵעַתָּה וְעַד עוֹלָם, לֹא יֵבוֹשׁ בָּעוֹלָם הַזֶּה וְלֹא יִכָּלֵם

לְעוֹלָם הַבָּא, אָמֵן כֵּן יְהִי רָצוֹן.

בסעודת חתן: הָרַחֲמָן הוּא יְבָרֵךְ אֶת הֶחָזָתָן וְהַכַּלָּה, בְּבָנִים זְכָרִים שֶׁל קַיָּמָא, לַעֲבוֹדָתוֹ יִתְבָּרַךְ. הָרַחֲמָן הוּא יְבָרֵךְ אֶת כָּל הַמְסֻבִּין בַּשֻּׁלְחָן הַזֶּה, וְיִתֵּן לָנוּ הַקָּדוֹשׁ בָּרוּךְ הוּא, כָּל מִשְׁאֲלוֹת לִבֵּנוּ לְטוֹבָה.

בסעודת מילה: הָרַחֲמָן הוּא יְבָרֵךְ אֶת בַּעַל הַבַּיִת הַזֶּה, אֲבִי הַבֵּן, הוּא וְאִשְׁתּוֹ הַיּוֹלֶדֶת, מֵעַתָּה וְעַד עוֹלָם. הָרַחֲמָן הוּא יְבָרֵךְ אֶת הַיֶּלֶד הַנּוֹלָד, וּכְשֵׁם שֶׁזִּכָּהוּ הַקָּדוֹשׁ בָּרוּךְ הוּא לְמִילָה, כָּךְ יְזַכֵּהוּ לְהִכָּנֵס לַתּוֹרָה וּלְחֻפָּה וּלְמִצְוֹת וּלְמַעֲשִׂים טוֹבִים, וְכֵן יְהִי רָצוֹן וְנֹאמַר אָמֵן. הָרַחֲמָן הוּא יְבָרֵךְ אֶת מַעֲלַת הַסַּנְדָּק וְהַמּוֹהֵל וּשְׁאָר הַמִּשְׁתַּדְּלִים בַּמִּצְוָה, הֵם וְכָל אֲשֶׁר לָהֶם.

יָכוֹל לְהוֹסִיף כָּאן בַּקָּשׁוֹת פְּרָטִיּוֹת

הָרַחֲמָן הוּא יְזַכֵּינוּ וִיזַכֵּנוּ וִיקָרְבֵנוּ לִימוֹת הַמָּשִׁיחַ וּלְבִנְיַן בֵּית הַמִּקְדָּשׁ וּלְחַיֵּי הָעוֹלָם הַבָּא.

מַגְדִּיל [בַּיּוֹם שֶׁאוֹמְרִים בּוֹ מוּסָף וּבְפוּרִים יֹאמַר: מִגְדּוֹל]

יְשׁוּעוֹת מַלְכּוֹ. וְעֹשֶׂה חֶסֶד לִמְשִׁיחוֹ לְדָוִד וּלְזַרְעוֹ עַד עוֹלָם: כְּפִירִים רָשׁוּ וְרָעֵבוּ.

וְדוֹרְשֵׁי יְהוָֹהˊˊˊˊ לֹא יַחְסְרוּ כָל טוֹב:

נַעַר הָיִיתִי גַם זָקַנְתִּי וְלֹא רָאִיתִי צַדִּיק

נֶעֱזָב. וְזַרְעוֹ מְבַקֶּשׁ לָחֶם: כָּל הַיּוֹם חוֹנֵן

וּמַלְוֶה וְזַרְעוֹ לִבְרָכָה: מַה שֶׁאָכַלְנוּ יִהְיֶה

לְשָׂבְעָה. וּמַה שֶּׁשָּׁתִינוּ יִהְיֶה לִרְפוּאָה.

וּמַה שֶּׁהוֹתַרְנוּ יִהְיֶה לִבְרָכָה כְּדִכְתִיב

וַיִּתֵּן לִפְנֵיהֶם וַיֹּאכְלוּ וַיּוֹתִרוּ כִּדְבַר

יְהוָֹהˊˊˊˊ:

בְּרוּכִים אַתֶּם לַיהוָֹהˊˊˊˊ. עוֹשֵׂה

שָׁמַיִם וָאָרֶץ:

בָּרוּךְ הַגֶּבֶר אֲשֶׁר יִבְטַח

בַּיהוָֹהˊˊˊˊ. וְהָיָה יְהוָֹהˊˊˊˊ

מִבְטַחוֹ: יְהוָֹהˊˊˊˊ עֹז לְעַמּוֹ יִתֵּן

יְהוָֹהˊˊˊˊ יְבָרֵךְ אֶת עַמּוֹ בַשָּׁלוֹם:

עוֹשֶׂה שָׁלוֹם בִּמְרוֹמָיו הוּא בְּרַחֲמָיו יַעֲשֶׂה שָׁלוֹם עָלֵינוּ וְעַל כָּל עַמּוֹ יִשְׂרָאֵל וְאִמְרוּ אָמֵן:

וְאוֹמֵר הַמְזַמֵּן
סַבְרִי מָרָנָן

וְעוֹנִים
לְחַיִּים
אהיה יהוה אהיה

בָּרוּךְ אַתָּה יְהֹוָהאדניאהדונהי, אֱלֹהֵינוּ מֶלֶךְ הָעוֹלָם, בּוֹרֵא פְּרִי הַגָּפֶן:

שֶׁבַע בְּרָכוֹת

א. בָּרוּךְ אַתָּה יְהוָֹה־אלהי־ואהדונהי אֱלֹהֵינוּ מֶלֶךְ הָעוֹלָם, בּוֹרֵא פְּרִי הַגָּפֶן.

ב. בָּרוּךְ אַתָּה יְהוָֹה־אלהי־ואהדונהי אֱלֹהֵינוּ מֶלֶךְ הָעוֹלָם, שֶׁהַכֹּל בָּרָא לִכְבוֹדוֹ.

ג. בָּרוּךְ אַתָּה יְהוָֹה־אלהי־ואהדונהי אֱלֹהֵינוּ מֶלֶךְ הָעוֹלָם, יוֹצֵר הָאָדָם.

ד. בָּרוּךְ אַתָּה יְהוָֹה־אלהי־ואהדונהי אֱלֹהֵינוּ מֶלֶךְ הָעוֹלָם, אֲשֶׁר יָצַר אֶת הָאָדָם בְּצַלְמוֹ, בְּצֶלֶם דְּמוּת תַּבְנִיתוֹ, וְהִתְקִין לוֹ מִמֶּנּוּ בִּנְיָן עֲדֵי עַד; בָּרוּךְ אַתָּה יְהוָֹה־אלהי־ואהדונהי, יוֹצֵר הָאָדָם.

ה. שׂוֹשׂ תָּשִׂישׂ וְתָגֵל עֲקָרָה בְּקִבּוּץ בָּנֶיהָ לְתוֹכָהּ בְּשִׂמְחָה; בָּרוּךְ אַתָּה יְהוָֹה־אלהי־ואהדונהי מְשַׂמֵּחַ צִיּוֹן בְּבָנֶיהָ.

ו. שַׂמֵּחַ תְּשַׂמַּח רֵעִים אֲהוּבִים כְּשַׂמֵּחֲךָ יְצִירְךָ בְּגַן עֵדֶן מִקֶּדֶם; בָּרוּךְ אַתָּה יְהוָֹה־אלהי־ואהדונהי מְשַׂמֵּחַ חָתָן וְכַלָּה.

ז. בָּרוּךְ אַתָּה יְהוָֹה־אלהי־ואהדונהי אֱלֹהֵינוּ מֶלֶךְ הָעוֹלָם אֲשֶׁר בָּרָא שָׂשׂוֹן וְשִׂמְחָה; חָתָן וְכַלָּה; גִּילָה רִנָּה; דִּיצָה וְחֶדְוָה; אַהֲבָה וְאַחֲוָה. שָׁלוֹם וְרֵעוּת. מְהֵרָה יְהוָה אֱלֹהֵינוּ יִשָּׁמַע בְּעָרֵי יְהוּדָה וּבְחוּצוֹת יְרוּשָׁלָיִם, קוֹל שָׂשׂוֹן וְקוֹל שִׂמְחָה; קוֹל חָתָן וְקוֹל כַּלָּה; קוֹל מִצְהֲלוֹת חֲתָנִים מֵחֻפָּתָם וּנְעָרִים מִמִּשְׁתֵּה נְגִינָתָם; בָּרוּךְ אַתָּה יְהוָֹה־אלהי־ואהדונהי מְשַׂמֵּחַ הֶחָתָן עִם הַכַּלָּה.

בִּרְכוֹת הַנֶּהֱנִין
בְּסֵדֶר מג"ן א"ש

מְזוֹנוֹת: בָּרוּךְ אַתָּה יְהֹוָ‌אֲדֹנָיאהדונהי, אֱלֹהֵינוּ מֶלֶךְ הָעוֹלָם, בּוֹרֵא מִינֵי מְזוֹנוֹת:

יַיִן: בָּרוּךְ אַתָּה יְהֹוָ‌אֲדֹנָיאהדונהי, אֱלֹהֵינוּ מֶלֶךְ הָעוֹלָם, בּוֹרֵא פְּרִי הַגָּפֶן:

פֵּרוֹת הָעֵץ: בָּרוּךְ אַתָּה יְהֹוָ‌אֲדֹנָיאהדונהי, אֱלֹהֵינוּ מֶלֶךְ הָעוֹלָם, בּוֹרֵא פְּרִי הָעֵץ:

פְּרִי הָאֲדָמָה: בָּרוּךְ אַתָּה יְהֹוָ‌אֲדֹנָיאהדונהי, אֱלֹהֵינוּ מֶלֶךְ הָעוֹלָם, בּוֹרֵא פְּרִי הָאֲדָמָה:

שֶׁהַכֹּל: בָּרוּךְ אַתָּה יְהֹוָ‌אֲדֹנָיאהדונהי, אֱלֹהֵינוּ מֶלֶךְ הָעוֹלָם, שֶׁהַכֹּל נִהְיָה בִּדְבָרוֹ:

בְּרָכַת מֵעֵין שָׁלוֹשׁ

בָּרוּךְ אַתָּה יְהֹוָהאלהאהדונהי, אֱלֹהֵינוּ מֶלֶךְ הָעוֹלָם,

מזונות: עַל הַמִּחְיָה וְעַל הַכַּלְכָּלָה:

גֶּפֶן: עַל הַגֶּפֶן וְעַל פְּרִי הַגֶּפֶן:

פְּרִי מִשִּׁבְעָה הַמִּינִים: עַל הָעֵץ וְעַל פְּרִי הָעֵץ:

וְעַל תְּנוּבַת הַשָּׂדֶה, וְעַל אֶרֶץ חֶמְדָּה, טוֹבָה וּרְחָבָה, שֶׁרָצִיתָ וְהִנְחַלְתָּ לַאֲבוֹתֵינוּ, לֶאֱכוֹל מִפִּרְיָהּ, וְלִשְׂבֹּעַ מִטּוּבָהּ. רַחֵם יְהֹוָהאלהאהדונהי אֱלֹהֵינוּ עָלֵינוּ, וְעַל יִשְׂרָאֵל עַמֶּךָ, וְעַל יְרוּשָׁלַיִם עִירֶךָ, וְעַל הַר צִיּוֹן מִשְׁכַּן כְּבוֹדֶךָ, וְעַל מִזְבְּחֶךָ, וְעַל הֵיכָלֶךָ, וּבְנֵה יְרוּשָׁלַיִם עִיר הַקֹּדֶשׁ, בִּמְהֵרָה בְיָמֵינוּ, וְהַעֲלֵנוּ לְתוֹכָהּ, וְשַׂמְּחֵנוּ בְּבִנְיָנָהּ, וּנְבָרֶכְךָ עָלֶיהָ בִּקְדֻשָּׁה וּבְטָהֳרָה,

בְּשַׁבָּת מוֹסִיפִים: וּרְצֵה וְהַחֲלִיצֵנוּ בְּיוֹם הַשַּׁבָּת הַזֶּה:

בְּרֹאשׁ חֹדֶשׁ:   וְזָכְרֵנוּ לְטוֹבָה בְּיוֹם רֹאשׁ הַחֹדֶשׁ הַזֶּה:

בְּרֹאשׁ הַשָּׁנָה: וְזָכְרֵנוּ לְטוֹבָה בְּיוֹם הַזִּכָּרוֹן הַזֶּה:

בְּפֶסַח: וְשַׂמְּחֵנוּ בְּיוֹם חַג פֶּסַז הַזֶּה:

בְּסֻכּוֹת: וְשַׂמְּחֵנוּ בְּיוֹם חַג פֶּסַז הַזֶּה:

בְּשָׁבוּעוֹת: וְשַׂמְּחֵנוּ בְּיוֹם חַג שָׁבוּעוֹת הַזֶּה:

בִּשְׁמִינִי עֲצֶרֶת: וְשַׂמְּחֵנוּ בְּיוֹם שְׁמִינִי חַג עֲצֶרֶת הַזֶּה:

בְּיוֹם טוֹב: בְּיוֹם [בְּיוֹם טוֹב מוֹסִיפִים: טוֹב] מִקְרָא קֹדֶשׁ הַזֶּה:

כִּי אַתָּה טוֹב וּמֵטִיב לַכֹּל, וְנוֹדֶה לְּךָ יְהֹוָאֱדֹנִי
אֱלֹהֵינוּ עַל הָאָרֶץ

מזונות: וְעַל הַמִּחְיָה וְעַל הַכַּלְכָּלָה.

גפן: וְעַל פְּרִי הַגָּפֶן.

פרי משבעה המינים: וְעַל הַפֵּרוֹת.

בָּרוּךְ אַתָּה יְהֹוָאֱדֹנִי, עַל
הָאָרֶץ וְעַל

פרי	גפן	מזונות
הַפֵּרוֹת:	פְּרִי הַגֶּפֶן:	הַמִּחְיָה:

שֶׁל אֶרֶץ יִשְׂרָאֵל

| פֵּרוֹתֶיהָ: | פְּרִי גַפְנָהּ: | מִחְיָתָהּ: |

בּוֹרֵא נְפָשׁוֹת:

בָּרוּךְ אַתָּה יְהֹוָאֱדֹנִי, אֱלֹהֵינוּ מֶלֶךְ
הָעוֹלָם, בּוֹרֵא נְפָשׁוֹת רַבּוֹת וְחֶסְרוֹנָן עַל כָּל
מַה שֶּׁבָּרָאתָ לְהַחֲיוֹת בָּהֶם נֶפֶשׁ כָּל-חָי.
בָּרוּךְ חֵי הָעוֹלָמִים.